名师名校名校长

凝聚名师共识
固态名师关怀
打造名师品牌
培育名师群体

顾明远

基于学习任务群的
小学语文单元整体教学

李凤菊　　主编

中国文联出版社

图书在版编目（CIP）数据

基于学习任务群的小学语文单元整体教学 / 李凤菊

主编. -- 北京：中国文联出版社, 2024. 9. -- ISBN

978-7-5190-5608-7

Ⅰ . G623.202

中国国家版本馆CIP数据核字第2024EL0879号

主　　编　李凤菊
责任编辑　刘　旭
责任校对　秀点校对
装帧设计　刘贝贝　李　娜

出版发行　中国文联出版社有限公司
社　　址　北京市朝阳区农展馆南里10号　　邮编　100125
电　　话　010-85923025（发行部）　010-85923091（总编室）
经　　销　全国新华书店等
印　　刷　三河市龙大印装有限公司

开　　本　710毫米×1000毫米　　1/16
印　　张　16.5
字　　数　284千字
版　　次　2025年3月第1版第1次印刷
定　　价　58.00元

编 委 会

目 录

第一章
新课标语文学习任务群解读

　　《义务教育语文课程标准（2022年版）》（以下简称"新课标"）的修订，力求在贯通《普通高中语文课程标准（2017年版2020年修订）》理念的基础上，突出义务教育阶段语文课程的基础性。新课标的基本理念包括五个方面：一是立足学生核心素养发展，充分发挥语文课程育人功能；二是构建语文学习任务群，注重课程的阶段性与发展性；三是突出课程内容的时代性和典范性，加强课程内容整合；四是增强课程实施的情境性和实践性，促进学习方式变革；五是倡导课程评价的过程性和整体性，重视评价的导向作用。新课标主要有五大变化：强化了课程育人导向，优化了课程内容结构，研制了学业质量标准，增强了指导性，加强了学段衔接。特别是课程内容结构化，以学习任务群组织与呈现课程内容，引起了广大语文教师的高度关注，推动了教学方式的变革。下面，将从理念解读、实施建议两个方面对学习任务群进行深度解读。

第一节　内涵与价值

新课标以课程育人为目标导向，在"课程性质"部分明确提出，"语文课程致力于全体学生核心素养的形成与发展"。在"课程目标"部分专门对"核心素养内涵"做出说明，"核心素养是学生通过课程学习逐步形成的正确价值观、必备品格和关键能力，是课程育人价值的集中体现"。在"课程内容"部分列出三类主要学习主题与其载体形式，提出"语文学习任务群"的概念。

"语文学习任务群"，这是一个让大家既感新鲜又难把握的概念。不少教师对这个概念的内涵价值、表现形式、实践操作存在不少困惑。下面就学习任务群的内涵、价值进行解读，为更好地践行新课标做好准备。

一、学习任务群的内涵

什么是学习任务群？新课标在"课程理念"部分指出："义务教育语文课程结构遵循学生身心发展规律和核心素养形成的内在逻辑，以生活为基础，以语文实践活动为主线，以学习主题为引领，以学习任务为载体，整合学习内容、情境、方法和资源等要素，设计语文学习任务群。"

结合新课标表述和"学习任务群"本身5个字的含义理解：

第一个词：学习

"学习"二字，其实是两个概念，即"学"与"习"。"学"，指的是学知识、方法，是从外界吸收的过程。"习"即习技能，是将知识转化为技能的过程。"学"偏向知识，本质是吸收；"习"偏向技能，本质在于转化。学生作为学习的主体，是实践者、探索者、收获者，是学习过程中的参与者，是学习主体，所有的学习任务、学习活动都需要学生全身心地参与，这样学生核心素养才能得以发展。

第二个词：任务

通常指交派的工作，担负的责任。强调学习中"任务驱动""任务完成"的意识。"学习任务群"，是围绕特定的主题，创设生活需要的学习情境，进行精心设计的具有内在逻辑关联的语文实践活动：识字与写字、阅读与鉴赏、表达与交流、梳理与探究。任务既是课程内容，也是学习路径；既是完成任务的标准，也是体现综合的效果。

第三个词：群

指的是相聚成伙的，聚在一起的。强调任务之间的组合、联系、互动，通过群的聚拢，让学习构成一个有机的、完整的系统，让学习过程中的听、说、读、写、思成为一整套互相关联的结构化课程内容，让学习的目标更为集中地指向任务的完成。

新课标的"学习任务群"是在课程结构的设置上，遵循学生身心发展规律和核心素养形成的内在逻辑，将课程内容整合为三个层面的任务群：第一层是"基础型学习任务群"，主要目的是"语言文字积累与梳理"；第二层是"发展型学习任务群"，按照文体类型又分为三大任务群：针对实用性文体的"实用性阅读与交流"、针对文学文体的"文学阅读与创意表达"、针对论述性文体的"思辨性阅读与表达"；第三层是"拓展型学习任务群"，包括两个任务群："整本书阅读"和"跨学科学习"。任务之间相互关联，有一定的逻辑关系，有共同指向。根据学段特点，学习任务群安排均有所侧重。其中"语言文字积累与梳理"是唯一一个作为基础型任务群设置的。

"学习任务群"不是以知识点或文本为纲，而是以核心素养为纲；它不是一个单纯的知识内容组成形式，更不是知识的线性排列。它具有三大特点：

一是以"学习任务群"为基础，切实加强语文学习与学生生活的联系。从个人生活到公共生活，从家庭、学校到社会，逐步扩大语文生活的范围。让语文学习发生在真实的生活情境之中，激发学生的学习兴趣和动机，激活学生的生活积累与经验，激发学生的学习动机和兴趣，提高学生对语言的理解和运用能力，增进学生对生活和社会的认识，从而提高学生的生存和发展能力。

二是语文学习任务群以学生的语文实践活动（识字与写字、阅读与鉴赏、表达与交流、梳理与探究等）为主线，整合学习情境、学习内容、学习方法和学习资源，改变了以往以"知识本位"等为主线组织学习内容的思路，明确了以"素养本位"为主线重组学习内容。

三是语文学习任务群以核心素养为纲，以生活为基础，以学习为主线，整合单元各种元素，具体整合途径就是以主题统领，以任务为载体。以主题统领，体现了一个单元里内容多样性和一致性的统一，也较好地处理了重点和一般的关系；以任务为载体，体现了学习与实际生活的联系，也体现了一个单元里学习方式的综合性、多样性与关联性、连贯性的统一。

二、学习任务群的价值

新课标对语文学习任务群做了表述："义务教育语文课程内容主要以学习任务群组织与呈现。设计语文学习任务，要围绕特定学习主题，确定具有内在逻辑关联的语文实践活动。语文学习任务群由相互关联的系列学习任务组成，共同指向学生的核心素养发展，具有情境性、实践性、综合性。"这段表述对学习任务群的功能、定位及特征作了概括性描述，回应了课程育人的问题——培养什么人，怎样培养人，培养的"人"具备什么样的能力。

（一）学习任务群是培养"人"的重要载体

语文学习任务群以核心素养为导向，围绕特定学习主题，确定具有内在逻辑关联的语文实践活动，由相互关联的系列学习任务组成，具有情境性、实践性、综合性，是核心素养形成与发展的内容载体，也是培养有理想、有本领、有担当的时代新人的重要载体。崔允漷教授说："核心素养就是指能做事，关键能力就是能做成事，必备品格就是习惯做正确的事，价值观念就是坚持把事做正确。"特级教师薛法根认为："任务就是做事，语文学习任务就是学生用语文来做事，在学会做事的过程中学会做人。"因此，核心素养的提升需要教师精心设计学习任务，引导学生在积极主动的语文实践活动中积累、建构，并在真实的语言运用情境中表现出来，是文化自信、语言运用、思维能力和审美创造的综合体现。

（二）学习任务群凸显课程内容结构化

特级教师薛法根认为，《义务教育语文课程标准（2011年版）》（以下简称"旧课标"）中的课程内容，呈现为五个领域：识字与写字、阅读、写作（写话与习作）、口语交际及综合性学习，是按照"听、说、读、写、用"五个语言文字的运用方式来建构的，每一个领域各成系统。统编教材则按照五个领域的课程内容，采用人文主题与语文要素"双线组元"的方式编排单元，130多个语文要素是课程内容的具体化，改变了以往教学内容的不确定性。新课标则在此基础上，遵循"少而精、做中学"的原则，进行了结构化的整体建构。

学习任务群是根据发展学生核心素养的要求，实现语文课程内容结构化的一种新探索，是语文课程内容新的组织形式，是按照内容与形式的整合程度来设置的。六大"学习任务群"的课程内容，不管是哪个学段，都以中华优秀传统文化、革命文化、社会主义先进文化为主题内容。三大文化主题的作品占60%—70%，外国优秀文化作品、反映科技进步和日常生活的作品占30%—40%。设置三个层次六大学习任务群：第一层，基础型学习任务群（1个），即"语言文字积累与梳理"；第二层，发展型学习任务群（3个），即"实用性阅读与交流""文学阅读与创意表达""思辨性阅读与表达"；第三层，拓展型学习任务群（2个），即"整本书阅读"与"跨学科学习"。六大学习任务群贯穿四个学段，螺旋式发展，既有整体性，又体现学段特点，既突出了义务教育阶段的基础性，又与普通高中阶段相衔接，把课程内容由碎片化呈现转向任务群整合。课程内容结构化，有利于促进学生知识的构建、素养的提升。

（三）学习任务群促进教学方式的变革

学习任务群的设置，不仅把课程内容结构化，还促进了教学方式的变革；不仅为单元整体教学规划提出了新思路，还对语文教学的情境性和实践性提出了更高的要求。课程内容的变化，带动教与学的变革，追求课程内容、学生生活、语文实践之间的融通，改变了知识点、能力点的线性排列，改变了逐点解析和逐课分析的教学方式。

根据学习任务群的三大特点，抓住关键词：课程内容、学习主题、学习任务、语文实践活动、核心素养。就会发现围绕语文课程内容的语文任务设计路径：根据教材、学情分析，整合资源，确定学习主题，创设学习情境和学习任务，引导学生在语文实践活动中，获得解决问题的知识、方法、能力、经验，进而提升语文核心素养。

第二节 实施建议

温儒敏主编曾说，学习任务群其实是对十多年来课程改革经验的提升，是语文核心素养的观念提出后，在教学实践中探索的新形势。以前教师不同程度尝试过的"主题教学""综合性学习""大单元教学"等诸多做法和学习任务群都有共通之处。那么，如何依托学习任务群开展单元整体教学呢？教师需要从以下两个方面着手。

一、更新教学理念：从掌握"知识本位"走向提升"学科素养"

与传统课时教学相比，学习任务群视域下的单元不再是着眼于单个的知识点。与教材单元教学相比，大单元教学不仅关注教材单元内容分析，更是通过大主题或大概念、大问题、大任务或大项目的组织方式来完成，其出发点是"学"，动态地"学"，发展性地"学"，教随着学的实际情况而发生变化，侧重学习过程的展开、迁移、沉淀和学生素养的发展。它的视野站得更高，放得更大，从课内到课外，从校内到校外，从学习到生活，真正为学生的长远发展、终身学习考虑。这无疑对教师的专业素养提出了更高的要求，需要教师更新教育理念，从掌握"知识本位"走向提升"学科素养"。

二、改变教学设计：从"单篇设计"走向"单元统整"

新课标提出学习任务群是针对当下课堂普遍存在的四大问题提出来的：一是教学目标窄化，缺乏课程育人意识；二是教学内容庞杂而零散，缺乏整体构建意识；三是教学方式过度僵化，缺乏综合性、实践性；四是教学评价单一，缺乏多样创新意识。

《义务教育课程方案（2022年版）》（以下简称"新课程方案"）在"课

程实施"中明确提出："探索大单元教学，积极开展主题化、项目式学习等综合性教学活动，促进学生举一反三、融会贯通，加强知识间的内在联系，促进知识结构化。"那么，新课标学习任务群视域下的单元整体教学如何设计呢？教师不妨从以下几个方面进行实践。

下面以五年级上册第一单元教学为例。

（一）整体解读，确立单元主题目标

新课标在"课程理念"第一条中明确指出："义务教育语文课程围绕立德树人根本任务，充分发挥其独特的育人功能和奠基作用，以促进学生核心素养发展为目的，以识字与写字、阅读与鉴赏、表达与交流、梳理与探究等语文实践活动为主线，综合构建素养型课程目标体系；面向全体学生，突出基础性，使学生初步学会运用国家通用语言文字进行交流沟通，吸收古今中外优秀文化成果，提升思想文化修养，建立文化自信，德智体美劳得到全面发展。"

单元整体教学需要改变从教参照搬教学目标的传统做法，走向依据课标，分析教材，读懂学情，确定运用所学内容解决问题的迁移应用目标，并通过基础性的知识技能进行意义建构的学习目标，即素养型目标。这样就可以实现教学目标结构化，以语文核心素养为纲领，将文化自信、语言运用、思维能力和审美创造始终嵌入单元教学目标中，力争避免教学目标设计的盲目性、散乱性和片面性。

例如，五年级上册第一单元，以"一花一鸟总关情"为人文主题，编排了郭沫若的《白鹭》、许地山的《落花生》、琦君的《桂花雨》和冯骥才的《珍珠鸟》。这四篇课文都是经典散文，都是借心爱之物，表达自己的情感，均是围绕"借助具体事物抒发感情"这一核心语文要素编排，旨在培养学生在阅读中领悟借"心爱之物"表达秘密，并在词句段运用和习作中迁移运用。本单元"日积月累"栏目下的《蝉》也是如此，诗人借蝉阐发高洁的志向。因此，本单元需要学生持久理解的大概念是"表达"，聚焦的核心问题（大主题）是"作者是怎样借助具体事物来表达自己的情感的"。本单元也属于"文学阅读与创意表达"学习任务群。大目标是"了解作者借助具体事物抒发感情的方法，写一种事物，表达自己的情感"。

经过单元整体解读和学情分析，综合考虑单元人文主题和读写训练意图，单元学习目标梳理细化如下：

1. 知识目标

（1）认识"鹭、黛"等26个生字，读准"便、待"2个多音字，会写"嫌、鹤"等28个字，会写26个词语。

（2）摘抄、积累优美和富有哲理的句子，背诵第1课《白鹭》。

（3）知道文中描写事物特征的句子，了解作家、作品的基本信息。

2. 能力目标

（1）理解性朗读课文，能读出白鹭的形态之美、场景之美、花生的朴实之美、摇桂花的快乐之美。

（2）运用联系课文内容和生活实际的方法理解，初步了解课文借助具体事物抒发感情的方法，并迁移运用语言。

（3）学习在一定时间内，有顺序地表达观点，并用合并和删除的方法在讨论后总结观点。

（4）能够把自己心爱之物的外形特点、来历以及心爱的理由写清楚。尝试借助心爱之物抒发自己的喜爱之情。养成修改习作的好习惯，在自改和互改中提高写作水平。

（5）体会"比较"的方法用于表现所写之物的特点与品质时的好处，学习"同一词语"在不同语境中的不同意思，并学会运用。

3. 素养目标

（1）感受万物与人的密切关系，培养对自然万物的敬畏与热爱之情。

（2）由古到今，由中到外，感受寓情于物类文学作品的魅力，树立人与自然和谐相处的理念。

（3）理解文学作品的独特性：任何一种文学类型都离不开人的情感表达。

（二）聚焦生活，创设单元任务情境

新课标特别提出："义务教育语文课程实施从学生语文生活实际出发，创设丰富多样的学习情境，设计富有挑战性的学习任务，激发学生的好奇心、想象力、求知欲，促进学生自主、合作、探究学习。"而情境、任务也正是单元设计的核心。我们强调任务情境的三个维度，即身（生活实践）、脑（学科认知）、心（情感体验）的一致性，将学习情境分解为个人体验情境、社会生活情境和学科认知情境，落实源于真实需求、真实问题，以及解决问题的真实过程和方法，指向能够适应学生终身发展和社会发展需要的必备品格和关键能力。

例如，五年级上册第一单元，就可以结合教材编排特点，创设"举办心爱之物展览会"的生活情境，开展以"探寻心爱之物"表达秘密为主题的任务，让学生在实践活动中学习作者如何借助具体事物抒发思想感情的同时，联结自己的心爱之物和故事，学习运用借物抒情的方式记录自己的作品，作为心爱之物展览分享时的解说词。

任务情境：亲爱的同学们，一年一度的校园博览会很快就要到了，学校将开展"心爱之物"展览会。结合第一单元学习，先在班级举行"我的心爱之物"展览会的语文实践活动，评选出10份"心爱之物"和优秀作品在学校展示，让更多人和你一样喜欢上它。聪明的你，赶快报名参加吧。

在教学设计时追求语文学习与生活的关联，用真实的情境唤醒学生生活经验，建立语文与生活的联系，让学生感受语文学习的意义，从而激发学生积极地参加到学习过程中。

（三）整合内容，设计单元活动应用

新课标在"课程理念"第三条明确提出："注重课程内容与生活、与其他学科的联系，注重听说读写的整合，促进知识与能力、过程与方法、情感态度与价值观的整体发展。"因此，单元整体教学，需要厘清单篇文章与单元内容的逻辑关系，分析篇与篇、篇与单元之间的内在关系，为一个主题服务。从单一课文教学设计走向以单元统整的方式重构学习内容，改变过去过于关注零散的知识，走向关注学科知识的结构化，走向以大主题或大概念统整下真实情境的"整体—部分—整体"的任务活动结构方式。

例如，五年级上册第一单元，根据单元主题、情境、任务，整合学习内容、情境、方法和资源等要素，设计富有挑战性的学习任务和丰富多彩的语文实践活动，从分目标整合每篇文章内容，做到教学内容结构化。这样就从讲授没有任务的学习，走向任务引导、统领整个单元学习活动，贯穿大单元教学始终。单元任务可以有逻辑地分解为几个子任务，设计连贯的单元学习活动，建构新的单元学习流程，就可以引导学生主动积极地自主、合作、探究地学习，激发学生的好奇心、想象力、求知欲；引导学生注重积累，勤于思考，乐于实践，勇于探索，养成良好的学习习惯；关注个体差异和不同的学习需求，鼓励自主阅读、自由表达。见表1-2-1。

表1-2-1 学习任务和丰富多彩的语文实践活动

生活情境	主题	任务	材料组合	学习活动
举办"我的心爱之物"展览会	探寻"心爱之物"表达秘密	任务一：聊聊"心爱之物"	"口语交际"+《白鹭》+《落花生》+《桂花雨》+《珍珠鸟》	活动1：聊一聊我的心爱之物。 活动2：读一读作家的心爱之物。 活动3：说一说作家的心爱之物
		任务二：开展"心爱之物"颜值PK	《白鹭》+《珍珠鸟》+《蝉》	活动1：和郭沫若一起欣赏白鹭之美。 活动2：听冯骥才讲可爱的珍珠鸟。 活动3：仿写片段，描写心爱之物
		任务三：探寻心爱之物之"心爱"	《落花生》+《桂花雨》+"词句段运用1"	活动1：到许地山家过花生节。 活动2：到江南采访琦君。 活动3：仿写事物，表达情感
		任务四：拓展"我的心爱之物"表达秘密	"交流平台"+《橡树》+《一只惊天动地的虫子》+《天窗》+《春天》+"词句段运用2"	活动1：总结梳理，交流分享。 活动2：比较阅读，交流汇报。 活动3：一词多义，灵活运用
		任务五：记录"心爱之物"展示会	"习作：我的心爱之物"	活动1：聊心爱之物，明"心爱"内容。 活动2：赏心爱之处，习融情之妙。 活动3：用借物抒情，写心爱之物。 活动4：展心爱之物，评最佳作品

（四）关注发展，渗透单元评价拓展

新课标"倡导课程评价的过程性和整体性，重视评价的导向作用"，在"课程理念"第五条明确提出："义务教育语文课程评价要有利于促进学生学习，改进教师教学，全面落实语文课程目标。课程评价应准确反映学生的语文学习水平和学习状况，注重考查学生的语言文字运用能力、思维过程、审美情趣和价值立场，关注学生学习过程和学习进步。根据不同年龄学生的学习特点和不同学段的学习目标，选用恰当的评价方式，抓住关键，突出重点，加强语

文课程评价的整体性和综合性。注重评价主体的多元与互动，以及多种评价方式的综合运用，充分利用现代信息技术促进评价方式的变革。"

例如，五年级上册第一单元"任务五：记录'心爱之物'展示会"，在小组合作，互相赏评，评选出小组最佳作品的活动时，根据学习目标和学生特点，可以设计如表1-2-2的评价标准。

表1-2-2 "我的心爱之物"作品评价标准

评价要点	星级评价
能写清楚心爱之物的样子及来历	☆☆☆（　　　）
能突出心爱之物的特点，表达你的喜爱之情	☆☆☆（　　　）
能写清楚陪伴心爱之物的小情景或小故事	☆☆☆（　　　）
能语句通顺，标点恰当，有条理，能主动修改	☆☆☆（　　　）
能给自己的作品贴上图片或照片，向同学介绍	☆☆☆（　　　）

单元整体教学要充分体现"'教—学—评'一体化"，在单元导读课就可以出示单元学习规划表，让学生明晰学习任务和评价标准，评价先行，基于目标设计达成评价（学业质量），从对学习的评价到促进学习的嵌入式评价，从而促进学生学习，改进教师教学，全面落实语文课程目标。

总而言之，要想教学改革顺利稳步地推进，教师就必须与时俱进，更新教育理论，改变教学设计，变教案为学案。同时依据课标，用好教材，明确学习任务群的内涵和功能，理解学习任务群的学习内容和教学提示，探索学习任务群教学实施的基本策略，特别是依托统编教材，借助学习任务群，培养学生核心素养，落实立德树人的根本任务。本书将从教学实践的角度解读各个学习任务群。理念解读重在解读学习任务群的价值与定位、内容与要求；实施建议关注设计方式、教学方式；实施案例侧重教学实践的示范引领。三个部分呈现出从理论到策略，从策略到实践的逻辑关系，以便于一线教师实践操作。

第二章
基础型学习任务群：
语言文字积累与梳理

　　新课标的一个重要变化是语文课程的价值维度由过去的"三维"教学目标发展为体现国家意志、立足于发挥课程"育人"价值的核心素养。课程目标以核心素养为导向，"语言运用"是其他三个核心素养的基础，文化的传承、思维的训练、审美的培养都离不开良好的语言运用能力。课程内容主要以学习任务群组织与呈现，并根据义务教育学段的特点，设置了六个学习任务群。其中"语言文字积累与梳理"作为唯一的基础型学习任务群，在整个语文课程内容体系中具有重要地位和作用。下面从理念解读和实施建议两个方面对该任务群进行解读。

第一节　价值与内容

新课标明确指出："本学习任务群旨在引导学生在语文实践活动中，积累语言材料和语言经验，形成良好语感；通过观察、分析、整理，发现汉字的构字组词特点，掌握语言文字运用规范，感受汉字的文化内涵，奠定语文基础。"分析这段简要的文字不难发现，其课程价值与定位主要体现在以下几个方面：

一、课程价值：奠定语文学习基础

（一）指向核心素养的提升

新课标在其"课程性质"中明确指出："语文课程是一门学习国家通用语言文字运用的综合性、实践性课程。"这充分体现了语言运用在语文课程中的基础和核心地位。新课标在"课程目标"部分明确指出：核心素养的文化自信、语言运用、思维能力和审美创造四个方面是一个整体。"语言是重要的交际工具和思维工具，语言发展的过程也是思维发展的过程，二者相互促进。语言文字及作品是重要的审美对象，语言学习与运用也是培养审美能力和提升审美品位的重要途径。语言文字既是文化的载体，又是文化的重要组成部分，学习语言文字的过程也是学生文化积淀与发展的过程。在语文课程中，学生的思维能力、审美创造、文化自信都以语言运用为基础，并在学生个体语言经验发展过程中得以实现。"

可见，语言运用是其他三个方面的前提和基础，离开了对语言文字的揣摩和体悟，思维、审美和文化的提升就成了无源之水，无本之木。语言文字积累与梳理任务群在语文学科核心素养发展中占据重要的位置。整合教学内容，在引导学生进行语言文字积累与梳理、探究语言运用规律的过程中，促进学生思维能力的发展、审美情趣的提升、文化理解能力的提高，有利于语文学科核心素养的整体发展。

（二）推动中华文化的传承与发展

社会发展，离不开文化发展，离不开价值观的融合，离不开文化成果的共享。与旧课标相比，新课标独立设置了课程内容，明确将中华优秀传统文化、革命文化、社会主义先进文化作为重要的内容主题，并详细列举了每个主题的载体形式。这一要求进一步凸显了语文学科以文化人的育人功能。曹明海先生认为："从语文的本体看，语文不仅是一种工具，更重要的是一种文化构成；从语文的功能看，语文作为交际工具和文化载体，传达的是思想与情感，承载的是文化精神、价值观念和人类的文化成果。"

语言文字是文化的载体，要体现语文课程的育人功能，就需要重视语言文字的积累与整理学习任务群的实施。因为本学习任务群不仅仅是识文断字、了解国家通用语言文字的特点和运用规律、背诵诗文篇目数量的增加，更重要的是"培养学生喜欢汉字的情感与态度，让学生逐步感受到汉字在中华民族文化中的独特地位和作用，认识到识字写字与继承中华优秀传统文化的关系，增强学生对祖国语言文字的热爱和对中华民族文化的理解"。让学生在积累与梳理中感受文化意蕴，认识文化中所蕴含的民族思想，提升自身的中华文化修养。本学习任务群彰显了语文学科的"文化特质"，契合了文化育人的要求，因此重视"语言文字积累与梳理"有利于推动语言文字背后的中华优秀传统文化的传承和发展。

（三）整合语言运用的规律

注重语言文字的积累是我国语文教育的传统经验。张志公先生在总结我国千百年语文教育经验的基础上明确指出："语文是学习语言的，而学语言则只有积累起若干有用的语言材料，形成某些基本的语言习惯，即读熟了若干篇文章，才能真正掌握所学的语言。"进入新世纪，积累和梳理的语文教育传统受到了格外关注。新课标专设"语言文字积累与梳理"学习任务群，并在核心素养中明确指出："语言运用是指学生在丰富的语言实践中，通过主动的积累、梳理和整合，初步具有良好语感；了解国家通用语言文字的特点和运用规律，形成个体语言经验；具有正确、规范运用语言文字的意识和能力，能在具体语言情境中有效交流沟通；感受语言文字的丰富内涵，对国家通用语言文字具有深厚感情。"

从上述可以看出，新课标在核心素养中强调语言运用应"在丰富的语言实践中，通过主动的积累、梳理和整合，初步具有良好语感"；强调对把握语言文字的特点和运用规律进行学习；强调"在具体语言情境中有效交流沟通"，训练学生交流沟通的能力，达到口语交际方面的要求。其目的是发扬优秀的学习语文中华传统方法，引导学生养成良好的积累与梳理语言文字的好习惯。

二、课程内容：培养语言运用素养

作为基础性学习任务群，"语言文字积累与梳理"贯穿义务教育语文课程学习的始终。在每个学段从识字与写字、梳理与积累、语言运用三个维度提出要求，学段要求前后衔接，相互关联，由易到难，拾级而上。从梳理小学三个学段的学习内容和学习要求来看，本学习任务群具有如下特点：

（一）根据学生特点确定螺旋上升的学习内容

三个学段在识字与写字、梳理与积累、语言运用的学习内容和学习要求的设定上，既注意根据学生特点，又注重连续性和差异性、递进性和衔接性的统一，由易到难，由简单到复杂，螺旋推进，逐步上升。

在识字范围方面，第一学段由最初的"认识有关人的身体与行为、天地四方、自然万物等方面的常用字"，到"认识家庭生活、学校生活、社会生活中的常用字"，体现了生活范围的逐渐扩大。

在识字量方面，第一学段在总体识字量不变的情况下，减少了一年级的识字量，减缓了一年级学生刚从幼儿园进入小学的学业坡度，加强幼儿园到小学的过渡和衔接，降低第一学段学生集中识字可能引发的枯燥感。第二、三学段识字量则保持不变。

在独立识字能力方面，由第一学段要求对学习汉字有浓厚的兴趣，养成"主动识字"的习惯，到第二学段要求学生能够"在真实的语言文字运用情境中独立识字与写字，初步梳理常用汉字形、音、义之间的联系"，再到第三学段要求学生"主动通过多种方式独立识字，按照汉字字形结构等规律梳理学过的汉字"，体现了识字与写字教学的内容逐步增加，要求逐步提高。

在教学中，需要合理安排识字与写字的量，多认少写，重视学生的写字姿势，引导学生掌握基本的书写技能，养成良好的书写习惯。应让学生真正亲近汉字，触摸汉字背后的文化和内涵，培养学生对汉字母语正确的情感态度价值观，培养学生识字的能力。

（二）通过梳理与积累感受汉字的文化内涵

汉字是文化的载体，三个学段都提到了要重视引导学生感受语言文字的文化内涵。

第一学段：提出要梳理学过的字，"初步体会汉字结构的主要特点"，积累自己喜欢的成语和格言警句，"感受中华优秀传统文化"。

第二学段：提出积累课文中的"新鲜词语、精彩句段"，以及在课外阅读和生活中获得的语言材料，尝试分类整理学过的字词，感受汉字的文化内涵，"初步认识中华优秀传统文化蕴含的思想"。

第三学段：提出分类整理学过的字词，"丰富自己的词语积累"，感受汉字的构字组词特点，"注意词语的感情色彩"，体会汉字蕴含的智慧。

在语言文字的积累与梳理过程中，引导学生感受其文化内涵、体会其文化魅力，并积淀丰厚的文化底蕴，是本任务群必须关注的学习内容与要求。

（三）通过诵读与运用提高语言运用素养

"书读百遍，其义自见。""熟读唐诗三百首，不会作诗也会吟。"诵读经典语言材料既能培养语感，又能激发学生对中华优秀传统文化的热爱。通过语言文字的积累与梳理，还能促进学生的思维能力、审美创造、文化自信，全面提升核心素养。所以，诵读成了行之有效的语文学习方法。小学生正处于记忆的黄金阶段，通过日积月累的诵读，就可以积累一定数量的词汇，丰富自己的词语积累，培养良好的语感，有利于促进语言能力的发展，为学生的阅读与鉴赏、表达与交流打下坚实的基础，同时为学生一生的精神成长奠定良好的基础。

诵读是一种积累，是学习语文的重要方法。新课标特别重视语言文字的积累与运用。

第一学段：要求"诵读、记录课内外学到的成语、谚语、格言警句、儿歌、短小的古诗等，感受中华优秀传统文化，养成自主积累的习惯"。

第二学段：要求"诵读、积累成语典故、中华文化名言、短小的古诗词和新鲜词语、精彩句段等，丰富自己的语汇"；"在语言积累和运用过程中"，"发现、感受语言的表现力和创造力"。

第三学段：要求"丰富自己的词语积累，注意词语的感情色彩"，"诵读优秀诗文，分主题梳理自己积累的成语典故、格言警句、对联等语言材料，并尝试运用到日常读写活动中，增强表达效果"。

学生通过语言运用的实践来积累语言经验，提高语言运用素养。

总之，掌握汉字不仅仅是能读会认会写，积累语言材料和语言经验，更重要的是发现汉字的构字组词特点，掌握语言文字运用规范，感受汉字的文化内涵，为语文学习打下坚实的基础。

第二节　实施建议

"语言文字积累与梳理"是唯一的基础型学习任务群，其他五个任务群学习都要立足于本任务群展开。同时，本学习任务群学习内容和学习提示告诉我们，既可以将本学习任务群融合在其他任务群之中，也可以独立设置开展。根据本学习任务群的学习内容和教学提示，可以从以下几个方面着手实施。

一、关注学情，链接生活，创设学习情境

本学习任务群在"教学提示"中指出："根据学生的年龄特点和认知规律，紧密联系学生的生活实际，结合识字内容，选择适宜的学习主题，创设学习情境。"识字教学不仅关注学生学习心理和汉字构字特点，还要联系学生生活，将学习内容、学习方式和学生生活紧密联系，创设一个真实的学习情境。在单元整体教学设计中，根据教材文本的特点，创设相关的游戏活动情境，让学生进入情境，成为游戏活动的参与者，在活动中遇见汉字，让识字自然而然地发生。同时，也可创设源于学生生活的主题学习任务群，让学生在生活中主动识字，并初步学习分类整理课内外认识的字，激发识字兴趣，发展独立识字能力。

例如，一年级上册第五单元，这是第二个集中识字单元。教材安排了《画》、《大小多少》、《小书包》、《日月明》、《升国旗》、"语文园地五"等内容。根据一年级学生喜欢玩游戏的特点，就可以将单元学习主题确定为"识字办法多，快乐多"，创设"勇闯识字乐园，评选识字大王"的学习情境，培养学生在生活中主动识字的意识和能力，在识字、写字、语言积累中感受中华文化的魅力，激发热爱中华文化的情感。

二、关注特点，多种方法，灵活梳理积累

语言文字积累与梳理，要关注国家通用语言文字的特点，关注汉字思维与儿童思维的链接，运用多种方法引导学生灵活梳理积累语言文字，培养儿童的字感，让儿童形成主动识字、独立识字的能力。三个学段在汉字的积累与梳理方面各有侧重点。

第一学段：侧重于引导学生"学习书写笔画简单的字，初步体会汉字结构的主要特点"。"先认先写基本字，学习部首检字法，尝试发现汉字的一些规律，初步学习分类整理课内外认识的字；在生活中主动识字，发展独立识字能力。"

第二学段：侧重于引导学生"在真实的语言文字运用情境中独立识字与写字，初步梳理常用汉字形、音、义之间的联系"，"关注校园内外汉字和标点符号的正确使用情况，整理自己的发现并和同学交流，互相正字正音"。

第三学段：侧重于"主动通过多种方式独立识字，按照汉字字形结构等规律梳理学过的汉字。丰富自己的词语积累，注意词语的感情色彩"。

因此，在教学中，首先，要关注识字的顺序，从学好基本字和常用字开启汉字的学习之旅；其次，梳理汉字音、形、义之间的联系，发现汉字规律，自主识记汉字；最后，结合学生特点，运用多种方法，逐步提升学生梳理积累语言文字，进而尝试运用语言文字。

例如，一年级上册第五单元《日月明》会意字的识字教学，首先，要了解教材的特点，结合课后习题，确定学习目标——认11个字，写5个字，朗读课文，熟悉这些词语，还有猜一猜会意字的意思，初步地掌握会意字的概念；其次，根据学生特点、会意字特点和学习规律，设计"勇闯识字乐园，评选识字大王"任务情境；最后，设计学习任务和学习活动，具体学习活动如下：

第一关：朗读关。通过摘果游戏来呈现生字，包括自由朗读、带领朗读、辨别朗读，初步认识生字词。

第二关：识字关。通过闯关游戏来呈现生字，包括猜谜识字、图画识字、张贴识字，引导学生按照会意字的规律识字，并猜出汉字的意思，积累反义词。

第三关：巩固关。通过竞赛游戏来呈现生字，包括巩固识字、回忆朗读、比赛朗读。在游戏活动中反复呈现汉字，进一步巩固记忆。

第四关：写字。先引导学生观察汉字，然后比较汉字，最后书写汉字。

整节课把任务和游戏紧密地整合在一块，综合运用随文识字、集中识字、游戏识字、字理识字等多种识字方法，充分发挥这些字构形简单、重现率高、组字构词能力强的特点，打好基础，举一反三，让学生在轻松愉快的学习过程中达成学习目标，逐步发展学生的识字、写字能力。

三、整合资源，关注积累，整体规划设计

本学习任务群在"教学提示"中强调"诵读、积累与梳理，重在培养兴趣、语感和习惯。引导学生增强语言积累和梳理的意识，教给学生语言积累和梳理的方法，注重积累、梳理与运用相结合"。

因此，用好统编教材，链接儿童生活，整合内容、情境、方法和资源等要素，以任务群的思维一体化设计学习任务，是实施本学习任务群的一条有效路径。

例如，二年级下册第三单元识字4《中国美食》学习任务设计，就可以充分用好教材，根据学情，创设这样的学习情境，激发学生学习兴趣：

同学们，老师准备在端午节邀请几位远方的朋友，到我们的东莞来做客。为了让他们玩得开心，吃得愉快，老师特地准备了一份菜单（7种菜肴和4种主食），想请小朋友来当小厨师帮助老师招待客人，你们愿意吗？

还可以整合资源，整体规划四大闯关学习任务。

第一关：识菜单。借助课文图片和拼音，自由朗读课文，指名读词语。

第二关：识菜名。看着菜单，知菜名；引导学生发现带有"艹"的字的共性，识记带有"艹"的生字；了解"腐"字的演变过程，出示食材名称，分类素菜和荤菜。

第三关：学做法。圈出美食的烹饪方法，观察"拌""煎、煮、蒸""烧、烤、爆、炒、炖、炸"，体会含有"灬"的字和含有"火"的字都与火有关；播放烹饪方法的视频，理解烹饪方法的区别；选择食材，采取合适的烹饪方法来做美食；根据客人的喜好推荐美食。

第四关：评美食。拓展中国美食，用词汇评价美食，积累词汇。

"语言文字积累与梳理"任务群的教学：一要解读教材，了解学情，明晰学习目标，一干什么，二干什么，三干什么；二要链接儿童生活，创设学习情境，明晰主要学习任务，识字教学的主要任务无非就是识字、写字、朗读；三

要关注汉字特点，遵循识字规律，设计丰富多彩、活泼有趣的实践活动，运用多种识字方法，根据语言文字运用的实际需要，从遇到的具体语言实例出发进行指导；四要引导学生借助信息技术等多种方式汇总、梳理自己积累的语言材料，建立自己的创意语言资料库，并能学以致用；五要考查学生认清字形、读准字音、掌握汉字基本意义的情况，在具体语言环境中运用汉字的能力，借助字典、词典等工具书查检字词的能力，帮助学生养成写规范字的习惯，减少错别字。

总之，本学习任务群的教学要用儿童喜欢的学习方式，让儿童在任务情境下、在丰富有趣的语言文字实践活动中，轻松愉快地去积累和梳理语言文字并尝试运用，厚积薄发，知类通达，感受汉字的文化内涵，体会中华优秀传统文化的魅力，提升语言运用素养。

第三节　实施案例

❖ 案例1：识字办法多，乐趣多 ❖
——一年级上册第五单元整体教学设计

【学习内容】

1. 课内学习资源：《画》、《大小多少》、《小书包》、《日月明》、《升国旗》、"语文园地五"。

2. 课外学习资源：《拔萝卜》。

【学习目标】

（一）知识目标

1. 借助多种识字方法认识65个生字、9个偏旁，会写23个生字。

2. 正确朗读课文，背诵《画》《大小多少》《升国旗》《悯农（其二）》。

3. 能利用已有的生活经验，借助会意字、归类识字、反义词识字等多种方法识字。

（二）能力目标

1. 能发现各组词语的排列规律，并尝试运用有关词语。

2. 发现"草字头"和"木子旁"所代表的意思，初步感知偏旁表义的构字规律。

3. 辨析易混淆的音节，读准平舌音、翘舌音、鼻音和边音。

4. 了解汉字从左到右、先撇后捺的笔顺规则。

5. 和大人一起读《拔萝卜》，了解故事内容，初步尝试续编故事。

（三）素养目标

1. 感受谜语诗描绘的景象，养成爱惜文具的好习惯，懂得团结协作力量大的道理，受到初步的爱国主义教育。

2. 进一步了解汉字的文化内涵，喜欢学习汉字。

【任务情境】

根据一年级学生喜欢玩游戏的特点、教材学习内容，将单元学习主题确定为"识字办法多，快乐多"，创设"勇闯识字乐园，争当识字达人"的学习情境，通过我会猜、我会比、我会分等闯关游戏活动，运用对比、归类、图画对照等多种识字方法，帮助学生认识汉字，感知汉字的特点，体会到学习汉字有用且非常有意思，充分享受学习汉字的乐趣，提升学生在生活中主动识字的意识和能力。

为了让学生在语文实践活动中积极主动地参与学习，需做好如下学习准备：

1. 整体感知课文：读准字音，读通课文，不丢字、不漏字，初步了解课文内容。

2. 搜集"虫字旁"形声字。

【学习规划】

"勇闯识字乐园，争当识字达人"的学习规划，见表2-3-1。

表2-3-1　"勇闯识字乐园，争当识字达人"学习规划

生活情境	任务	子任务	材料组合	对应目标与要素
勇闯识字乐园，争当识字达人	识字方法多，乐趣多	导读课	《画》+《大小多少》+《小书包》+《日月明》+《升国旗》	借助多种识字方法识生字
		我会猜	《画》+《日月明》	按照会意字的规律识字猜出汉字的意思，积累反义词
		我会比	《大小多少》+"语文园地五"	读背儿歌，偏旁表义归类识字法
		我会分	《小书包》+《升国旗》	了解汉字笔顺规则，学习在田字格里正确书写

【学习过程】

（一）单元导读课

本任务群以"勇闯识字乐园，争当识字达人"的情境导入新课。让学生了解单元学习任务，通读课文，整体感知，游戏识字，激发学习兴趣。

1. 通读课文，整体感知

（1）初步了解古诗，激发学生对古诗的兴趣。

（2）整体感知课文：读准字音，读通课文，不丢字、不漏字，初步了解课文。

（3）自我检测：通过放气球、连一连、吹乌云、背一背、打地鼠等游戏识记生字。

2. 游戏识字，熟读课文

（1）自主识字我能行：初步认读本单元生字，扫清朗读障碍。

（2）分类识字我能行：加偏旁、减偏旁、熟字变一变识字，感受识字的乐趣。

（3）字词闯关我挑战：通过词语对对碰、汉字大冲关、火车开一开等游戏，自我检测生字课文。

（二）我会猜

本任务以"游戏导入，读诗猜谜，猜一猜"这一任务情境为载体，旨在引导学生在朗读中了解古诗中描述的动物特点，初步感知"虫字旁"形声字的特点，运用归类识字的方法，识、写生字，初步理解和积累词语。

1. 读古诗，猜字谜

（1）游戏导入，读诗猜谜。

（2）诵读古诗，认读生字。

① 诵读古诗：借助拼音轻声朗读古诗，要求读准字音，读出节奏。同桌互读，互相正音。对照插图：圈出"山""水""花""鸟"四个字，说说句子的意思。对比感悟：感受画中景物和实景的不同，体会谜语诗的趣味，有感情地朗读课文。

② 读解生字：读一读自创的"对韵歌"。"远对近，有对无，色对声，去对来。""远看对近听，有色对无声，春去对人来。"发现词语相反的规律，

25

理解字词的意思。

③巩固运用：玩"找反义词朋友"的游戏，分别用说一说、演一演、做一做的方式迁移运用"远—近""去—来""有—无"。

（3）诵读诗句，学写生字。

①诵读古诗《画》。指导学生运用多种形式朗读课文，熟读成诵。

②写一写生字：水、去、来、不。引导学生观察四个生字的关键笔画"竖"，观察笔顺。教师范写，学生在田字格内练习规范书写。

2. 读儿歌，猜字谜

（1）读一读。指导学生发现"明"的组合规律，再自主发现其他7个字的组合规律：两个独体字组成了一个合体字。

（2）猜一猜。结合画面，猜一猜"明""男"的意思。结合字形，猜一猜"尖""尘"的意思。出示图片，小组合作，结合字形、生活经验和图片，并用汉字与图片连线的方式理解"从""众""林""森"。

（3）问一问。同桌交流自己读不懂的句子，理解"一人不成众，独木不成林""众人一条心，黄土变成金"的意思。引导学生通过自己经历的拔河比赛、大合唱等集体活动，感受"团结力量大"的道理。

（4）练一练。①出示"石""日""水""土""火"字形图片，模仿"众""森"组字，猜猜字义；②出示"泪""休""歪""笔"字形图片，猜猜字义。

（5）写一写：学习在田字格中规范书写"木""林""土""力""心"5个生字。重点观察"木""林"作为独体字和合体字时部件的变化，并在书写中体现出来。

（三）我会分

1. 我来做裁判

本任务以"我来做裁判"这一任务情境为载体，通过动物王国大比拼，认识有关的动物图片和名称，朗读儿歌，发现与体育活动有关的字词规律，并灵活习得"火字旁"的字。

（1）动物王国大比拼。出示"黄牛、鸭子、鸟、鸡、山羊、马、鱼"7组动物的图片和名称，讲述动物王国"比大小""比多少"大赛的故事，请学生来做裁判，比比谁大、谁小，哪边多、哪边少。

（2）水果乐园收获忙。出示"苹果、枣、杏子、桃、梨、菠萝、葡萄、西瓜"4对水果的图片和名称，讲述果园丰收的故事，请学生来做裁判，比比谁大、谁小，哪边多、哪边少。

（3）同桌面对面做拍手游戏，边有节奏地拍手边念儿歌，同时进行创编，如：

拍手歌

一个大，一个小，

一只山羊一只鸡。

一边多，一边少，

一群鱼儿一匹马。

2. 神奇的"量词家族"

（1）量词宝宝回家：小组找一找，这个量词应该和哪个短语搭配，帮助量词宝宝找到自己的家。

（2）量词大集合：学生收集带量词的短语，同学之间互相教一教，认一认。

（3）学唱《量词歌》：想一想，如果把量词换换位置会怎么样？

量词歌

一头牛，两匹马，三条鲤鱼四只鸭，

五本书，六支笔，七棵果树八朵花，

九架飞机十辆车，量词用错闹笑话，

小朋友，试一试，换换位置乐哈哈。

3. 学偏旁，写生字

（1）比一比，有发现。出示"杏""桃""猫""鸭"等字，再出示"反犬旁""鸟字旁"形象图画，让学生发现共同点。

（2）用图文对照的方式学习象形字"牛""鸟""果"。用反义词的识字方式学习"小、少"。学写5个生字。

（四）归类识字乐趣多

1. 读词串，学儿歌

（1）找一找：我书包里的"宝贝"。

① 教师请小朋友拿出自己的小书包，看看里面有多少宝贝。让学生按照教师说的顺序找到"橡皮""尺子""作业本""笔袋""铅笔""转笔刀"，

把书包放好。

②拍手读：我的小书包，宝贝真不少。橡皮尺子作业本，笔袋铅笔转笔刀。

③看课本，运用多种形式读儿歌。

（2）唱一唱，读一读《升国旗》，想一想：从开学到现在，学校一共升了几次国旗？学习《升国旗》。

（3）玩转"时间"，教师带着学生一起读，拍手读：

上午三节课，下午两节课，晚上背儿歌。

昨天星期四，今天星期五，明天是周末。

上个月霜降，这个月小雪，下个月大雪。

去年你五岁，今年我六岁，明年他七岁。

2. 帮汉字找朋友

（1）比一比，说一说。读背《悯农（其二）》，回家后与家人比赛背诵《悯农（其二）》。并在吃饭时说一说，如何珍惜每一粒粮食。

（2）读一读，找一找。在《画》《大小多少》和"语文园地五"中寻找带有"草字头"的字；在《大小多少》《小书包》《日月明》和"语文园地五"中寻找带有"木字旁"的字。

（3）读、听、编故事。读一读《拔萝卜》。在读故事、听故事、续编故事的活动中，发现动物类的许多字是"反犬旁"，初步了解汉字偏旁表义的构字规律。

3. 学偏旁，写生字

（1）分类识字。把"语文园地五"和《悯农（其二）》《画》《小书包》等内容中的带有"草字头""木字旁"的字放在一起，分类认识。

（2）按着笔顺图，在田字格内规范地书写每一个字：早、刀、书、尺、本。

（本案例由东莞市大朗镇中心小学张蔼仪设计）

❖ 案例2：我是中国娃，会识中国字 ❖

——二年级下册第三单元整体教学设计

【学习内容】

1. 课内学习资源：《神州谣》、《传统节日》、《"贝"的故事》、《中国美食》、"语文园地三"。

2. 课外学习资源：词串韵文《骏马·秋风·塞北》、音频《大中国》、视频《舌尖上的中国》《36个字的故事》、绘本《十二生肖的故事》。

【学习目标】

（一）知识目标

1.认识60个生字，读准多音字"漂""炸"，会写36个字，会写37个词语。

2. 能利用韵语、形旁与字义的联系，借助图片识字；能在生动有趣的歌谣、生活和故事情境中轻松愉快地识字。

3. 积累"华夏儿女"等词语；能认读"甜津津、酸溜溜"等词语，联系生活理解这些词语。

（二）能力目标

1. 能借助形旁猜测字义、正确选用形声字并查字典验证；知道偏旁之间的联系及表示的意思。

2. 能发现汉字的奥秘，学会运用汉字规律，建立生字音、形、义之间的联系，体验识字的乐趣，感受汉字文化的魅力。

（三）素养目标

1. 能在语言环境中初步感受"奔、涌""长、耸"的表达效果；初步感受祖国山河的壮美和文化的悠久。

2.能通过讲汉字"贝"的故事，初步感受汉字的魅力。

3. 在识字的同时，进一步了解中华传统文化，激发对传统文化的热爱。

【任务情境】

饮长江水，唱中华谣，写方块字……浸润在五千年中华灿烂文化里的中华儿女，早已深深烙上中国印记。读一读神州歌谣，感受祖国山川壮美；唱一唱节日韵文，重温传统佳节的美好；听一听有趣的故事，了解汉字的神奇起源。同学们，让我们走进汉字世界，去发现汉字的秘密，来一场传统文化之旅，让我们在词串中回味生活，在回味中加深对汉字的认识，在不同的语境中识字学词，探究汉字的秘密，感受汉字的魅力。

【学习规划】

"走进汉字世界，发现汉字的秘密"的学习规划，见表2-3-2。

表2-3-2 "走进汉字世界，发现汉字的秘密"学习规划

生活情境	主题	任务	材料组合	课时安排	对应目标与要素
走进汉字世界，发现汉字的秘密	我是中国娃，会识中国字	（一）唱神州歌谣，积累汉字	《神州谣》+词串韵文《骏马·秋风·塞北》+日积月累+《十二生肖的故事》	3课时	能在生动有趣的歌谣、生活和故事情境中轻松愉快地识字
		（二）过中国节日，梳理汉字	《传统节日》+"节日童诗童谣"	3课时	能通过积累和梳理节日名称与别名，初步发现节日命名规律；通过梳理节日的主要民俗活动和食物，初步建立词语之间的内在联系，培养并提升汉字思维能力
		（三）品中华美食，传中华文化	《中国美食》+视频：《舌尖上的中国》	2—3课时	在识字的同时，进一步了解中华传统文化，激发对传统文化的热爱
		（四）探汉字故事，感受汉字魅力	《"贝"的故事》+字词句运用+我的发现	2—3课时	能发现汉字的奥秘，学会运用汉字规律，建立生字音、形、义之间的联系，体验识字的乐趣，感受汉字文化的魅力

【学习过程】

（一）唱神州歌谣，积累汉字

1. 诵读歌谣

播放歌曲《大中国》，在音乐的情感渲染下，学生带着自豪之情走进《神州谣》和《传统节日》这两首歌谣的诵读学习之中。两首歌谣均可按照以下三个学习活动展开学习。

（1）我是识字小能手。

① 学生以四人小组为单位，从"我会读""我会记"等几个方面进行小组学习交流。

② 根据学生用书，互相评一评。

我会读……	我会记……	我提醒……
我会组词……	我会说成语……	我会说句子……
能说两个方面：☆		
能说三个方面：☆ ☆		
能说四个方面及以上：☆ ☆ ☆		

③ 大组交流分享。

教师相机引导分组对比区分"峰"和"奋"、"州"和"耸"的读音，强调"谊"不能读成阳平。"重"是多音字。听故事《牛郎织女》，了解"乞巧节"。补充"州""舟"的字源，掌握书写顺序。

（2）我是小小朗读家。

① 我能读出韵律：标一标韵脚，读出停顿和节奏。

② 我能读出画面感：抓关键句，结合资料感受山河壮丽，了解传统节日的特点和风俗习惯，指导朗读。

（3）我的歌谣我来诵。

① 玩玩诵读小游戏。

对读：（男）我神州，（女）称中华；（男）山川美，（女）可入画……

问读：什么节，人欢笑？什么节，看花灯？……

趣配音：老师将歌谣中描绘的景物或传统节日制作成PPT，让学生看图诵读歌谣，配上解说词。

② 我是棒棒的小作家。

A. 相机补充学习词串韵文，感受祖国幅员辽阔，景色各具特色。读一读，你看到了哪些画面？对照地图找一找，你感受到了什么？

骏马　　秋风　　塞北

杏花　　春雨　　江南

椰树　　骄阳　　海岛

牦牛　　冰雪　　高原

B. 仿照课文《神州谣》的结构，填一填。

黄河（　　）　　长江（　　）　　长城（　　）　　珠峰（　　）

C. 学生自由创编小片段，说说祖国其他山川名胜或家乡的风光特色。

在教学《传统节日》一课后，也可引导学生说说少数民族传统节日有哪些习俗，通过查资料，提取关键词，编一编。如"泼水节，把水洒，吉祥幸福人欢笑"。

2. 十二生肖故事

学习："日积月累"。

（1）欣赏生肖邮票、绘画、民间工艺作品，感受生肖文化。

（2）认读十二生肖，生肖也称属相。

（3）认读十二地支，地支表示年月日的顺序，生肖与地支相对应。

（4）阅读绘本《十二生肖的故事》，我来说说生肖故事。

（5）家庭小调查：家人的属相。

（二）过中国节日，梳理汉字

1. 发现节日好名字

（1）数一数度过了哪些中国节日。

① 对照日历，同桌合作，按照时间先后，数一数并说一说自己度过了哪些中国传统节日。

② 玩一玩"时间与节日"连连看游戏，认读"春节、元宵节、清明节、端午节、七夕节、中秋节、重阳节、腊八节"等词语。

③ 给这些节日排排序，说一说排序理由。

④ 做节日名字卡，正确、规范、端正地书写节日名称。

（2）说一说有趣的节日"别名"。

2. 不一样的节日体验

（1）理一理节日活动与美食。

① 说一说。将自己记忆中的节日民俗活动和美食说给小组其他同学听。

② 读一读。圈画出与民俗活动有关的汉字词语，和同桌一起认一认、读一读。

③ 玩一玩：点击词卡读词语，用一句话介绍一种节日美食。例如，过春节，饺子是必吃的传统美食。

春节	贴窗花	放鞭炮
清明		
端午		
中秋		

④ 画一画：选择自己最感兴趣的一两个节日，绘制一幅节日活动与美食地图。

（2）诵读节日童诗和童谣。

① 搜集自己感兴趣的传统节日童诗、童谣，粘贴在班级剪报中，并在小组、班级内诵读。

② 推选出全班最喜欢的童诗、童谣，诵读、积累、表演。

③ 交流在童诗、童谣中学到的与传统节日有关的新词语。

④ 将新的词语补充到自己的节日地图中去。

3. 节日里的字词故事

（1）做一做节日汉字海报。

① 了解节日汉字故事会的任务：做海报、讲故事。

② 讨论海报的内容可以包括哪些。用节日词汇呈现节日场景（如节日名称、时间、活动、美食、描写节日的词语、汇报人等信息）。

③ 选择一个喜欢的节日，动手做节日汉字海报。

④ 学生互评，为自己喜欢的节日汉字海报贴上点赞星。

（2）节日字词故事会。

① 小组交流：根据本组做的海报讲述过节的场景，用上节日名称、活动、美食和过节的心情等词语。

② 全班交流：

A. 借助自己海报上的字词，讲述节日场景。

B. 选择同一节日的同学，可以用接龙、合作等方式讲述节日场景。

C. 用其他同学的海报上的字词讲述其他节日场景。

（三）品中华美食，传中华文化

1. 晒晒我的菜单

（1）播放、欣赏《舌尖上的中国》片段。

（2）我心中的美食。

① 做一做：制作美食名片，以图片加文字的格式。

② 聊一聊：交流美食的菜名，说说制作方法和味道。

补充学习：识字加油站。

③ 晒一晒：学生交流的心中美食名片和图片布置在教室走廊，也可配上制作方法。

2. 菜单里的学问

（1）看图识物，读好课文《中华美食》中7个菜名、4个主食名。

相机指导：读准平翘舌音"蒸""煮"；"蘑菇""豆腐"后面的字读轻声；"炸"是多音字，读阳平。

（2）四人小组讨论：这些菜名里藏着很多学问，你有什么发现？

交流引导：名字里都藏着制作方法："蒸""煎""煮"都是"四点底"，与火有关；"烧""烤""爆""炖""炸""炒"都是"火字旁"；"菠""蘑菇""葱""茄"都是"草字头"，都是形声字……

（3）游览班级美食长廊，开展"品美食·识汉字"比赛。

（四）探汉字故事，感受汉字魅力

1. "贝"的故事

（1）读一读《"贝"的故事》。

① 借助拼音，自由读课文。

② 检查反馈，开火车，读课文。

教师相机指导读准平翘舌音"珍、饰、赚"，"随、损、财"；"漂"是多音字，读去声；"贝、甲、币、与"是独体字，指导正确书写笔画顺序。

③ 朗读词语。

④《"贝"的故事》很有趣，课文介绍了"贝"的哪些知识呢？说说每小节的内容。

⑤ "贝"做偏旁的字都和"钱财"有关，这是为什么呢？读读课文，画一画。

（2）讲一讲"贝"的故事。

① 小组合作讲故事。

② 转换角色讲故事。学生可以挑战，以第一人称"我"来讲述自己的汉字故事。

（3）猜一猜，小小偏旁作用大。小组合作完成课后习题，根据偏旁猜猜字的意思，选一选，再查字典验证一下。

（4）查一查，认识了解部首字以及它作为部首表示的意思。

2. 我的汉字故事

（1）玩玩大转盘。

① 老师将语文园地中六组生字做成转盘，带着学生玩一玩，认一认，仿照气泡里的语言，说说"我的发现"。

② 欣赏汉字故事《36个字的故事》。边看边找，里面藏了哪36个字呢？说说这些字可以做部首吗？那带有这些部首的字都表示什么意思？

③ 学生根据形声字的特点，自主选择感兴趣的声旁和形旁，将一组形声字，做成大转盘，小组内认读，说说形声字的秘密。（可以借助字典）

（2）汉字故事我来讲。收集汉字故事、图片，举办小小故事会。

（本案例由东莞市松山湖北区小学曾刚设计）

❖ 案例3：遨游汉字王国，传承中华文化 ❖
——五年级下册第三单元整体教学设计

【学习内容】

1. 课内学习资源：《汉字真有趣》《我爱你汉字》。

2. 课外学习资源：图书《画说汉字》《汉字的故事》《我们的汉字》、音频《字有道理》、视频《"字"从遇见你》《汉字听写大会》《汉字五千年》《汉字研究——汉字与中华文化》《汉字历史》。

【学习目标】

（一）知识目标

1. 策划并开展简单的项目化学习小组活动，学写活动计划。

2. 通过"阅读材料"，了解汉字的产生、汉字的演变历史、汉字的构字方法、汉字的运用，感受汉字生动形象、博大精深的特点。

（二）能力目标

1. 了解搜集资料的基本方法，能根据研究计划围绕感兴趣的内容有目的地搜集资料，同时通过调查等方法，学写简单的研究报告。

2. 通过学习研究报告范例并结合生活经验，明白研究报告内容，明确研究报告格式，习得写研究报告的方法。

（三）素养目标

1. 尝试从汉字的演变、汉字书法、汉字故事等方面选择撰写汉字的内容，激发写研究报告的兴趣。

2. 通过综合性学习，增进对汉字的了解，能为纯洁祖国的语言文字做一些力所能及的事，并激发对汉字、对中华文化的热爱之情，自觉传承中华文化。

【任务情境】

汉字是我们中华民族特有的文字，是我们中华文明的象征，它经历了千百年历史，蕴含着无穷智慧与妙趣，每个汉字都流淌着一个个美丽动人的故事。同学们，学校即将选拔24位"汉字传播使者"，老师决定结合语文第五单元综合性学习，选拔班上3名"汉字传播达人"。让我们走进"汉字王国"之旅，一起去遨游汉字王国，传承中华文化吧。

【学习规划】

"汉字传播使者"校园选拔赛的学习规划，见表2-3-3。

表2-3-3　"汉字传播使者"校园选拔赛学习规划

生活情境	主题	任务	材料组合	课时	对应目标与要素
"汉字传播使者"校园选拔赛	遨游汉字王国，传承中华文化	（一）汉字之旅补给站	单元课文概览	2课时	了解本单元学习任务，读通课文学习材料，了解学习材料主要内容，制订学习计划
		（二）汉字成长博览园	《汉字字体的演变》+《甲骨文的发现》+视频《"字"从遇见你》	2—3课时	了解汉字起源、构字规律、演变历史，欣赏书法艺术之美，感受书法艺术之美
		（三）汉字故事趣味园	《字谜七则》+《门内添"活"字》+《有趣的谐音》+《"琵琶"和"枇杷"》+《有趣的形声字》+《我爱你，汉字》导语	3课时	通过搜集整理字谜、古诗、歇后语、对联、故事等方面的材料，积累知识，体会汉字构字规律之趣，感受汉字之趣
		（四）汉字生活体验馆	《制定国家通用语言文字法的必要性》	1—2课时	了解真实生活中"用字不规范"的情况，总结错误用字的普遍原因，纠正不规范运用汉字的行为
		（五）汉字文化研究院	《关于"李"姓的历史和现状的研究报告》	3课时	能根据研究计划围绕感兴趣的内容有目的地搜集资料，同时通过调查等方法，学写简单的研究报告

【学习过程】

（一）汉字之旅补给站

1. 巧创情境，明确任务

（1）微课导入，了解汉字的意义及作用，激发学习兴趣。

（2）多元碰撞，畅谈汉字：汉字博大精深，大家对汉字的理解有多少呢？

（3）阅读教材，了解单元结构：默读材料，边读边作批注，思考：本单元为我们介绍了汉字哪些方面的知识？

（4）明确单元主题任务：同学们都能从材料中提出关于汉字的重要信息，就让我们遨游汉字王国，传承中华文化，推选校园"汉字文化传播使者"吧。

开始之前，我们先思考："如果想当最优秀的传播使者，我们可以主要在哪几个场景传播汉字文化呢？"

预设：本单元五个学习任务：汉字之旅补给站、汉字成长博览园、汉字故事趣味园、汉字生活体验馆、汉字文化研究院。

（5）出示"汉字文化传播者"评价标准，见表2-3-4。

表2-3-4 "汉字文化传播者"评价标准

评价类型	评价内容	评价标准	自我评价 ☆☆☆	组员评价 ☆☆☆	教师评价 ☆☆☆	家长评价 ☆☆☆
过程性评价	汉字之旅补给站	能积极参与小组讨论，相互合作				
		小组分工明确，能制订安排合理可操作的计划				
	汉字成长博览园	能恰当搜集资料，并将资料整理得比较完善				
		能自己创作作品，在活动中展示和讲解				
		能积极和组员密切配合，积极参与活动展示与互动环节				
	汉字故事趣味园	能恰当搜集丰富的资料				
		能积极参与活动展示与互动环节，大方自信，回答准确率高				
	汉字生活体验馆	能认真调查学校、社会用字不规范的情况，如调查同学作业本、街头招牌、书籍报刊等				
		能积极搜集整理资料，辩论观点清晰，有理有据				
	汉字文化研究院	能搜集整理与研究内容密切相关的丰富资料				
		能清晰记录研究调查过程，内容翔实				
		能撰写格式正确，阐述清晰，语言严谨的研究报告				

续 表

评价类型	评价内容	评价标准	自我评价 ☆☆☆	组员评价 ☆☆☆	教师评价 ☆☆☆	家长评价 ☆☆☆
单元测评	"汉字传播使者"选拔大赛	能搜集整理对研究有用的资料，撰写有价值的研究报告				
		能撰写格式正确的研究报告，语句通顺，标点正确				
		能语言严谨，分析得当，有理有据				
		能争当汉字文化传播者，向亲朋好友介绍自己的研究成果				

2. 动态调节，趣味成团

（1）根据预习单的活动任务，组建6—8人的项目化学习小组，小组成员最好能力互补。

（2）组内推选组长，制订"遨游汉字王国，传承中华文化"活动计划，见表2-3-5。

表2-3-5 "遨游汉字王国，传承中华文化"活动计划

项目名称	
申报小组	组员姓名
问题/主题	
学习目标	
项目分工	
预期成果	

3. 计划为先，方法为导

（1）检查学习计划的制订：小组展示并评议学习计划。（以一个小组的学习计划为评议范例，引导学生从"小组分工是否明确""计划安排是否合理"两个方面进行评价。）

（2）修改、完善学习计划。

（3）回顾学习方法：回顾五年级上学期学习"深爱祖国"这个单元时，你

是用什么方法搜集资料的？这些资料对你的学习有什么帮助？

（学生自主阅读第43页图示，交流搜集资料的方法，学习圈画方法。全班交流、反馈、明确三种搜集资料途径的特点。）

预设：查找图书，可以更系统、更权威；网络搜索，可以更快捷地获得海量信息；请教别人，可以及时追问、丰富细节。

（4）拓展搜集资料的方法：网络搜索时，如果搜索不到想要的信息，可及时调整关键词。除网络搜索外，还可以到城市文化空间等地实地查阅。

（二）汉字成长博览园

1. 走进汉字展厅，了解汉字背后的历史

（1）同学们，今天我们走进汉字成长博览园，这里有以下几个展厅，我们跟着讲解员国国来欣赏吧。展厅分别为：仓颉造字馆（原始社会）、甲骨文厅（殷商）、金文馆（周）、小篆厅（秦）、隶书馆（汉）、楷书苑（魏晋）、行草厅。

（2）阅读教材《汉字字体的演变》，了解字体演变历史、造字四法，了解构字规律。

（3）小组分享课前搜集的书法作品，讲解书法字体与现在规范汉字的异同。

（4）《书法欣赏》，拓展名家各种字体的经典书法作品，感受书法艺术之美。

2. 分享学习所得，了解汉字蕴含的意义

（1）阅读教材《甲骨文的发现》，了解"甲骨文""甲骨学"。

（2）小组分享课前搜集的相关资料，如图文解说汉字，了解更多汉字故事，学习字理。

（3）游戏互动："你画我猜""我演你猜"，从游戏中了解更多汉字背后蕴含的意义。

（4）视频拓展：观看《"字"从遇见你》。

（三）汉字故事趣味园

1. 字谜挑战会

（1）集一集：搜集字谜、古诗、歇后语、对联、故事等方面的材料，积累知识。

（2）抢一抢：课外字谜与课文七则字谜整合成"猜字谜大赛"，小组抢答。

（3）理一理：整理资料，发现规律，原来字谜可以有文字谜、画谜、故事谜、哑谜等。

2. 汉字故事荟

（1）读一读：阅读《门内添"活"字》《"琵琶"和"枇杷"》《有趣的形声字》。

（2）讲一讲：举办"汉字的趣味故事"小组汇报交流会，讲讲你搜集到的有趣的汉字故事。

3. 谐音大舞台

（1）答一答：出示课文歇后语，学生回答谐音的字是哪个字。

（2）猜一猜：出示学生搜集的歇后语，猜其中的谐音字。

（3）演一演：演绎搜集到的关于谐音的笑话故事。

4. 书法擂台赛

（1）赏一赏：阅读教材第47页，了解书法在生活中（如匾额、扇面、剪纸、印章等方面）的应用；了解篆刻中的阴阳关系。

（2）秀一秀：举办书法、篆刻等鉴赏大会，举办"'汉字现场书写'大赛"等。

（四）汉字生活体验馆

1. 汉字联合国卫士

（1）查一查：开展"啄木鸟行动"，发现真实生活中"用字不规范"的情况，纠正不规范运用汉字的行为。

（2）纠一纠：开展"错别字群岛"游戏，指出真实生活中存在的"错别字"，总结错误用字的普遍原因。

（3）赛一赛：开展"汉字听写大赛"，争当"汉字达人"。

2. 汉字王国宣传者

（1）识一识：共读《制定国家通用语言文字法的必要性》，了解传播中华文化的意义及规范运用语言文字的必要性。

（2）辩一辩：针对"汉字的世界影响力是否在弱化"的问题，了解当前汉字在世界上运用的现状，举办"汉字的世界影响力是否在弱化"辩论会。

（五）汉字文化研究院

1. 范文陈列室

（1）习得写法：阅读课本《关于"李"姓的历史和现状的研究报告》，阅读链接《关于汉字的世界性传播研究报告》，了解研究报告的内容和格式。

（2）明确标题：结合本单元学习过程中研究的项目，尝试确定研究报告的标题。（学生以项目学习小组为单位，资料共享，根据个人兴趣，每人独立撰写一份研究报告。）

（3）出示标准：展示研究报告评价标准，见表2-3-6，搜集自己感兴趣的项目资料，学习撰写简单的研究报告。

表2-3-6　研究报告评价标准

评价要点	星级评价
格式正确，阐述清楚	☆☆☆（　　　　）
研究课题源于生活，注重调研，报告真实	☆☆☆（　　　　）
语言严谨，分析得当，有理有据	☆☆☆（　　　　）

2. 作品展示厅

回顾近两周的项目化学习情况，并就组内成员参与程度进行过程性的自评和互评，接着进行成果展示活动。

（1）猜字谜活动。

（2）歇后语活动。

（3）我的年度汉字。首先，让学生选择属于自己的年度汉字，要求：入选理由紧扣自己的年度成长经历和汉字含义，理由表述通顺有理，读起来朗朗上口。然后，让学生收集、整理相关资料，设计并制作"我的年度汉字"小报。最后，师生根据以上评价标准，评选"班级十佳年度汉字"。

（4）研究报告评选。学习小组内根据研究报告评价标准进行评价，并在组内修改、完善。根据评价情况，在全班展示交流。粘贴优秀的研究报告进行展览，同时将优秀的研究报告分享到班级群。

3. 文化传播站

（1）链接生活，感受汉字魅力。

（2）礼赞汉字，树立文化自信。

（3）总结。中华文化博大精深，汉字更是其中宝贵的瑰宝。作为少年的我们，要认真学好汉字，积极争当传播中华文化的使者，让汉字之美陶冶我们的内心，走向更为广阔健全的人生。

（本案例由东莞市长安镇金沙小学郑伟娟设计）

第三章
发展型学习任务群1：
实用性阅读与交流

语言文字是人类信息传递和情感沟通的重要交际工具，渗透在生活、工作和学习的方方面面。学校教育教学是提高国民语言文字应用能力、提升人力资源素质的主要渠道。而语文课程作为一门学习国家通用语言文字运用的综合性、实践性课程，其首要目标是培养学生掌握语言文字运用的方法，解决工作生活中遇到的问题。新课标设置的"实用性阅读与交流"学习任务群正是对语文学习与工作生活关联的自觉回应，直指语文课程"综合性""实践性"的课程性质。

"实用性阅读与交流""文学阅读与创意表达"与"思辨性阅读与表达"均为发展型学习任务群，这一类型学习任务群覆盖原来语文课程所包含的古今"实用类""论述类""文学类"等语篇类型。本章将结合新课标关于本学习任务群的学习内容和教学提示，从理念解读与实施建议两个方面进行解读，以便教师设计单元整体教学。

第一节　价值与内容

新课标明确指出："本学习任务群旨在引导学生在语文实践活动中，通过倾听、阅读、观察，获取、整合有价值的信息，根据具体交际情境和交流对象，清楚得体表达，有效传递信息，满足家庭生活、学校生活、社会生活交流沟通需要。"这段话明确指出了本任务群的课程价值与定位。

一、课程价值：为未来生活奠基

细读新课标，不难发现"实用性阅读与交流"的课程价值和意义具体表现在以下三个方面。

（一）让语文向生活回归，学以致用

长期以来，语文课程内容设置上以童话、散文、小说等文学性内容居多，科普作品、说明性文章、日常应用文、非连续性文本等实用性文章安排较少。教学中很多教师比较注重课本知识，习惯采取文学文本的教学方式，引导学生品味语言、体会人物形象、感悟思想情感，侧重于内容的理解、语言赏析、情感体验，很少从儿童立场、儿童全面发展的角度为学生搭建支架、提供平台，如创设真实的学习情境、设计语文学习实践活动、搜集处理信息等。此外，很多教师缺乏"在生活中学习语文，用语文"的教学理念，导致课程内容跟学生的生活相脱节，让学生感觉语文课程很不实用，导致学生感觉语文学习枯燥无味，对自己的生活毫无意义，严重影响其对未来生活的主动适应。

"实用性阅读与交流"学习任务群的设置与实施，强调阅读与交流的"实用性"，其目的是让语文学习"满足家庭生活、学校生活、社会生活沟通交流需要"，让语文向生活回归，学以致用；其价值取向应指向"有用"，本任务群要满足"日常社会生活需要""适应社会、服务社会的能力""增强社会责

任意识"。让学生在真实的学习情境，亲历、体验和参与，或聆听故事、观察自然、感受生活，或交流信息，或鼓动宣传，或沟通情感，或普及科学知识，在"做"中学，在"行"中悟，从而让语文教学从静态的知识传授转向动态的问题解决，从抽象的纸面学习回归鲜活的生活体验，运用语言文字参与生活、服务社会，在语文学习过程中，学语文，用语文，培养学生解决问题的关键能力，有助于将实用性学习目标真正落到实处。

（二）凸显工具性与人文性统一，以文化人

旧课标就提出：工具性与人文性的统一是语文课程的基本特点。语言是人类最重要的交际工具，语文教学的首要目的是引导学生掌握汉语这一工具，使人与人之间的信息沟通更为高效，思想交流更为顺畅。从"实用性阅读与交流"学习任务群的学习目标、学习内容和教学提示就可以看出，本学习任务群正是回应如何运用语文这一工具，提升学生解决日常生活问题的关键能力，充分体现了语文课程的工具性特点。例如，

第一学段：在革命遗址、博物馆、公园、剧场、车站、书店、超市、银行等社会场所中，学习认识有关标牌、图示、说明书等，了解公共生活规则，学会有礼貌地交流。

第二学段：学习写留言条、请假条、短信息、简单书信等日常应用文，注意称谓和基本格式，文明礼貌地进行交流。

第三学段：学习记笔记、列大纲、写脚本、画思维导图等整理和呈现信息的方法；学习通过口头表述和多种形式的书面表达，分享观察自然、探索科学世界的所见所闻、所思所感。

不管是认识有关标牌、图示、说明书，还是学习写留言条、请假条、短信息、简单书信等日常应用文，抑或是学习记笔记、列大纲、写脚本、画思维导图等，这些应用文都具有直接的功用目的，都是为了解决生活中的实际问题。即便是那些记叙文、说明文，其问题导向和读者群体也是相对明晰的。

本学习任务群除了凸显工具性特点，还应该兼顾其人文性，充分发挥语文课程立德树人、以文化人的作用，做到工具性与人文性的有机统一。因为语言文字既是人类最重要的交际工具，也是人类最重要的文化载体。学生使用语言进行沟通的过程，也是思想和文化传递的过程。例如，写一份演讲稿或者是倡议书，学生不仅传达了他们的观点、想法或建议，同时还体现了他们的交际礼

仪和文化内涵。

由此可见，在语文课程中，工具性与人文性是和谐统一的。这些都提醒教师在教学设计时，要特别注意正确处理语文课程的工具性与人文性的关系，将两者有机融合在一起，整合课内外教学资源，链接学生日常生活，提升学生的整合信息、传递信息的学习力，满足学生家庭生活、学校生活、社会生活交流沟通需要。

（三）全面实现课程目标需要，立德树人

"实用性阅读与交流"作为发展型学习任务群之一，起到上接"语言文字的积累与梳理"，下联其他几个学习任务群，起到过渡作用，和其他五个学习任务群存在关联与协调，共同为实现课程目标、促进学生核心素养全面发展服务。

本任务群直接对应的课程目标集中在第5条："学会运用多种阅读方法，具有独立阅读能力。能阅读日常的书报杂志，初步鉴赏文学作品，能借助工具书阅读浅易文言文。学会倾听与表达，初步学会用口头语言文明地进行人际沟通和社会交往。能根据需要，用书面语言具体明确、文从字顺地表达自己的见闻、体验和想法。"

从第5条课程目标字面上来看，不仅涉及实用性阅读方法、阅读内容，还涉及实用性交流，突出了培养实用性阅读能力和交流能力的课程目标，是对提升语言运用这个核心素养的有力保障。

除此之外，本任务群的学习内容不仅有"有关中华优秀传统文化的短文""有关老一辈无产阶级革命家和革命英雄、劳动模范、科学家的事迹"，还有"有关社会主义建设新成果"等，学生在围绕"拥抱大千世界""创造美好生活""科学家的故事""数字时代的生活""家乡文化探究"等主题，学生在开展阅读与探究活动的过程中，不仅可以关注社会，表达和交流自己在生活中的发现和感受，还可以在收集、整理、探究、分析和评价的过程中，发展他们的思维能力，丰厚他们的文化底蕴，培植他们的审美素养，从而实现课程立德育人的总目标。因此，设置"实用性阅读与交流"这一学习任务群，是全面实现课程目标的需要。

二、课程内容：应对学生生活需要

在总目标引领下，"实用性阅读与交流"学习任务群目标聚焦"阅读""交流"两种素养，围绕"整合信息、传递信息、满足需求"三个关键词来进行整体设计，培养学生"倾听、阅读、观察、获取、整合"的基础学习能力，以及沟通交流、传播信息的必须学习力。

（一）整合信息

整合是"把零散的东西彼此衔接，从而实现信息系统的资源共享和协同工作，形成有价值有效率的一个整体"。整合中将信息进行加工、处理、整理、打包，分门别类地二次加工。学会"获取整合信息"不仅是实用性阅读的重要目标，还是"实用性交流"的基础。为此，新课标强调在学生自主的语文实践活动中，"通过倾听、阅读、观察"等多种途径来获取，借助记笔记、列大纲、画思维导图等方式来整理信息。

（二）传递信息

整合后，需要交流，从而进入传递的关键阶段。传递的方式大致有"口头表达""书面叙写"两个。"倾听、阅读、观察"是输入和内化信息，表达、交流则是输出和外化，是传递信息。三个学段都强调通过"讲故事"的方式进行；第二学段"学习用日记、观察手记等，展示自己观察自然、探索科学世界的收获"；第三学段"学习通过口头表述和多种形式的书面表达，分享观察自然、探索科学世界的所见所闻、所思所感"。特别需要注意的是第二、三学段都强调通过写日记的形式进行交流，引导学生学会用语言文字来做事，增强语言文字的运用意识，提升表达、交流的意识和策略。

（三）满足需求

学习的最大意图是让学生能应对生活需要。本任务群以"实用"为价值取向，引导学生在真实的交流情境，开展真切的交流过程，满足真实的交流需要，体验真实的生活问题，提升真实的交往能力和沟通能力，让学生在语文实践活动中学习用语文理解生活、解决生活问题，激起对生活的热爱、对未来生活的向往。

"实用性阅读与交流"学习任务群，不是过去的实用性文本、非连续性文本的阅读，以及日常应用文写作、日常口语交际的简单相加，而是依据课程目

标、学生年龄特点和生活范围、不同文本类型和特点、文化的理解与传承几个
维度进行考虑设计，培养学生学语言、用语言，传承文化，传播真善美。细读
本任务群的学习内容和要求，可以梳理成表3-1-1。

表3-1-1 "实用性阅读与交流"学习任务群的梳理

学段	学习主题	学习侧重点
第一学段	"我爱我家" + "我爱上学" + "文明的公共生活" + "我的一日生活大挑战"	内容上：家庭校园社会多场域实景阅读。 文体上：图文。 要求上：沟通、交流、讲述
第二学段	"链接古今" + "教室里的世界" + "革命家的故事" + "未来的交通工具" + "大自然的奥秘"	内容上：生活短文、大自然短文、优秀事迹、美德故事。 文体上：留言条、请假条、日记、观察手记等，口语、书面语双管齐下。 要求上：客观表述、展示收获、具体清楚生动讲述
第三学段	"拥抱大千世界" + "科学家的故事" + "数字时代的生活" + "家乡文化探究" + "红色研学之旅" + "腾飞的中国科技"	内容上：日常生活、大自然生活、科学世界、社区生活。 文体上：记人叙事的优秀文本、参观访问记、考察报告、科技说明文、科学家小传等文本。 要求上：说写感人的人和事，写日记，用多种媒介方式记录、展示、讲述

从表3-1-1可以看出，"实用性阅读与交流"学习任务群学习内容以实用
性文本为主，每个学段都是根据学生的特点确定适当的学习主题，设计循序渐
进的学习任务，随着学段的升高，学习范围从家庭、学校、公共生活逐步扩大
到世界生活、数字生活；实用的程度也从喜爱、关注、参与到拥抱、创造和理
解不断加深；阅读也从身边的世界到未知世界；交流从口头分享到日常应用文
的书面交流。逐步引导学生在阅读与交流中，学会获取、整合信息，有效传递
信息，学习日常表达，满足学生全面发展的需求。

第二节　实施建议

"实用性阅读与交流"学习任务群，是最能体现语文课程对"语文学习与生活关联"回应的学习任务群。要想将本学习任务群的理念与目标转化、落实到统编教材的教学中，培养学生实用性阅读与交流的素养，提高学生运用语言文字传达信息、服务生活和社会的能力，可以从以下几个方面着手。

一、链接生活：创设真实的语言运用学习情境

语言是人类进行沟通交流的重要工具。在语文教学中，学科学习与儿童生活割裂的问题依然较为突出，学用脱节的问题始终无法有效解决。语文学习任务群中的"实用性阅读与交流"，以培养学生日常生活中的语言运用能力为目标，引导学生在真实的情境中学习日常生活中必需的语言文字运用知识和技能，学会文明地交流和有效地沟通。因此，本任务群的教学设计与实施，需要创设任务情境，充分发挥学生的主体作用，强调在任务情境下进行主动学习、实践学习和语用学习。

（一）将教材内容转化为生活情境

根据教材单元内容，基于本单元的人文主题、语文要素、课文内容等，在学生的生活环境中发现教材的链接点和生长点，将教材内容、资源、情境、方法等进行整合，贴近学生的生活，围绕实际问题，设计学习情境，激活学生的生活经验。

例如，五年级上册第五单元是习作单元。本单元主题为"说明文"，以叶圣陶先生质朴的名言做导语：说明文以"说明白了"为成功。整个单元读写结合，以读促写，主要学习写说明性文章。编排了《太阳》《松鼠》两篇课文和两篇习作例文《鲸》《风向袋的制作》，习作实践要求学生学习不同类型的说

明性文章的表达方式，了解其特点，尝试写一篇说明文。

基于教材内容，可将单元任务情境设置为开展"科技博览会"活动：学校将举办一个大型的"科技博览会"——直播带货。活动分四个阶段，四个子任务：太空探索发布会—森林中的"小可爱"直播会—海洋"巨无霸"介绍会—科技博览会，以"科技博览会"情境统领，依托教材内容，将学科、学习、生活关联起来，形成一条"学习直播—撰写直播稿—分享交流评价"的主线，联通了课文学习和生活资源。运用"根据要求梳理信息，把握内容要点"的策略，从课文中学习"把事物说明白"的方法，并尝试着"用恰当的说明方法，将某一种事物介绍清楚"。这样把文本教学的知识性学习转化成生活场景性活动，搭建起语文学习和生活的桥梁，激发学生探究和解决问题的兴趣。

（二）基于学生视角设计任务情境

教师在设计情境时，要用心观察学生，从学生的兴趣出发，充分利用学生生活场域中可能遇到的情境，寻找学生感兴趣的主题。

在上述"科技博览会"主题情境中，每个子任务，都相应地根据学生特点和需求设计了学习任务情境，例如，设计精美的科技博览会的邀请函、集赞卡，"玩转博览会，争做直播达人"的口号，营造了气氛，点燃了学生的学习欲望；围绕单元情境设计的"我给太阳做信息卡""我为作者代言""我在空间站做讲解""森林中的'小可爱'直播会""海洋'巨无霸'介绍会"等一系列活动，如图3-2-1所示，更是将语文知识融在有趣的情境中，使语文学习变得兴味盎然。让学生在互动中不断地联结、整合、重构，综合运用知识、技能解决实际问题，将书本中的静态知识转化为生活中用得到的语用经验，积淀语文素养。

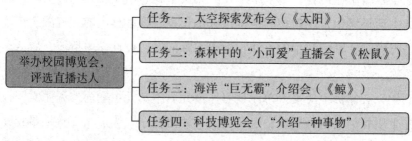

图3-2-1 "举办校园博览会，评选直播达人"活动的任务

　　需要注意的是，创设学习情境，要紧扣"实用性"特点，结合日常生活的真实情境进行教学，凸显学生生活与学习的联系，可以创设学生当导游、播音员、报纸编辑、解说员、推销员等角色，让学生在活动中增强"角色意识"，获得"角色认同感"；可以创设学生做记者去采访、做"评委"对参赛作品分析等"工作场景"，让学生在真实的学习环境中体验不同角色的生活；还可以让学生当"记者"，把采访结构写成新闻报道、留言条、研究报告等，增强"用户意识"，让学生在真实的学习情境中学语言、用语言。

二、重组教材：设计以学习者为中心的主题任务

　　新课标在"教学建议"中指出，要"依托学习任务整合学习情境、学习内容、学习方法和学习资源，安排连贯的语文实践活动"。因此，针对统编教材的教学现状，教师关注学情，以任务整合目标、内容、情境、方法、评价等要素，精心设计学习单元的主题任务。

（一）明确归属：从"自然单元"向"学习单元"转型

　　统编教材中每个单元都是按照"人文主题""语文要素"双线一体的方式编排，被称为自然单元。若自然单元的内容与"实用性阅读与交流"学习任务群吻合，如五年级上册第五单元"说明文"，则可将其归入本学习任务群进行教学。此外，有相当一部分单元的内容与本学习任务群不完全匹配，对此要审视厘析、明确归属，比如，二年级上册第四单元。

　　本单元由四篇课文组成，分别是《古诗二首》《黄山奇石》《日月潭》《葡萄沟》，语文园地有"识字加油站（认识火车票里的字词）""写话（学写留言条）"。其中，"学写留言条"属于实用性交流的范畴，而四篇课文第一课是古诗、其他三课是散文，都属于典型的文学作品，都不像实用性文本，但都是描绘我们祖国的壮丽山河。怎么纳入"实用性阅读与交流"学习任务群呢？根据教材的编排特点，把四篇课文当作"实用性阅读与交流"的信息源与资料库，也就是王荣生教授说的"用件"，使其具有实用功能，具备社会化和实践性的特点。可以设计"游览大美中国，争做最佳小导游"的主题任务，以"帮助丁丁去旅行"为整体任务情境导入，创设跟着丁丁去游览大美中国，做家乡风光代言人的主题任务，对接了真实生活，让学生跃跃欲试。这样就可以将整个单元归为"实用性阅读与交流"学习任务群的任务范畴，从"自然单

元"转化为"学习单元"从而使单元教学更聚焦，教学目标更清晰，课程功能更凸显。

（二）重组集聚：从"散点分布"转向"主题统整"

新课标对各个学段的"实用性阅读与交流"学习任务群做出明确提示，第一、第二学段可以围绕"我爱我家""我爱上学""文明的公共生活"等主题设计学习任务，第三、第四学段可以围绕"拥抱大千世界""创造美好生活""科学家的故事""数字时代的生活""家乡文化探究"等主题开展学习活动。这些主题在统编教材里没有出现过。要想围绕某个主题开展教学，教师需要对新课标进行深刻解读，对统编教材进行深入挖掘，搜索、梳理分散在教材里的相关知识、能力点，并按照一定的逻辑关系，将其统整在一起，形成特定的课程内容。

以"文明的公共生活"主题为例，教师可以一年级教材中"口语交际"内容为基础，延展、整合和学生现实生活息息相关的内容，如《我们做朋友》《一起做游戏》，以及具有较强生活性和实践性的《打电话》《请你帮个忙》，还有关于社交礼仪的《用多大的声音》等内容，设定"小林找朋友""约朋友做游戏""和朋友逛书店"三个连贯的学习任务，构建了学习主题统领下的学习单元。让学生在日常生活中学会文明交往，学习表达生活，养成文明礼貌的好习惯，能运用口头语言文明地进行人际沟通和社会交往；培养学生在生活中主动识字，乐意与人交流，引导学生在语言实践的互动中发展语言建构能力。

三、强化应用：设计多样的语文实践活动

"实用性阅读与交流"学习任务群，在教学提示中强调："学习活动可以采用朗读、复述、游戏、表演、讲故事、情景对话、现场报道等学生喜闻乐见的形式，将识字、写字、阅读、写作、口语交际、搜集处理信息等融为一体；应加强对跨媒介阅读与交流的指导，充分利用数字资源和信息化平台，引导学生提高语言理解与运用能力，逐步增强语言表达的准确性、规范性。"

（一）任务驱动，激发学生主动阅读与表达

五年级上册第五单元的习作为"介绍一种事物"，据此，设计本单元的核心任务情境：

12月是学校科技博览会，其中有一个项目是"产品介绍会"，你们利用本单元学到的介绍一种事物的表达方法，将自己喜欢的事物说明白，看谁获得更多点赞，争做直播达人。

这个任务与学校生活结合，用学生喜闻乐见的方式进行表达与交流，能有效地激发学生主动阅读与表达。

（二）活动进阶，让学生的成长"看得见"

单元整体教学中，各子任务一定是逻辑递进关系，设计的各子活动应前者是后者的基础，后者是前者的发展与进阶。比如，任务一中的"太空探索发布会"四大活动：

活动一：梳理内容，我给太阳做信息卡。

活动二：探秘表达，我为作者代言。

活动三：整合信息，我在空间站做讲解。

活动四：遨游太空，我是天体解说员。

活动一是整合信息，活动二是学习方法，活动三是利用方法，学以致用，活动四是拓展延伸。"利用方法"中，先是从文本到口语交际的迁移，再是从课内到课外的迁移，活动之间，层层递进。

（三）开发"工具"，给学生提供学习支架

在"实用性阅读与交流"学习任务群教学中，无论是获取、整合信息，还是有效传递信息，或是满足生活需要，这些目标的达成都需要"工具"。新课标在第三学段明确提出"学习记笔记、列大纲、写脚本、绘制思维导图等整理和呈现信息的方法"，就是要求在学习活动设计中开发相应的技术工具，帮助学生更好地进行实用性阅读与交流。

如上述任务一"太空探索发布会"，全课设计了4张学习单，还运用了"信息表""思维导图""评价标准单"等"工具"，有效地帮助学生梳理信息、整合信息、传递信息，提升学生的语言理解能力和运用能力，增强学生语言表达的准确性和规范性。

需要注意的是，学习活动组织要关注活动与活动之间的逻辑性、梯度性，推动学生像登山一样不断接受新挑战，攀上新高度，经历充分的探究过程，获得丰富的学习体验。

四、体现实用：评价嵌入学习活动，实现以评促学

"实用性阅读与交流"学习任务群的评价也要体现实用性原则，即在真实的任务情境中，根据相应的语境进行情境化评价。同时，应将评价嵌入学习活动中，让评价贯穿学习全程，实现以评促学。

（一）评价过程贯穿始终

在五年级上册第五单元学习中，单元整体评价与单个课时评价保持一致。"科技博览会"活动中，最后的"总结表彰"，是成为"初级直播者""中级直播者""高级直播者"，还是最后荣升"直播达人"，要根据每一个活动、每一个课时获得的"点赞"来计算。评价贯穿语文学习的全过程。教师有意识地利用评价过程和结果发现学生语文学习的特点与问题，提出有针对性的指导意见，促进学生反思和改进。并依据评价结果反思日常教学的问题和不足，优化教学内容，改进教学设计，调整教学策略，完善教学过程。

（二）评价维度多元结合

在设计活动评价时，评价维度要丰富多元，而不能唯一。如"产品介绍会"，学生利用本单元学到的介绍一种事物的表达方法，将自己喜欢的事物说明白，争做直播达人。评价标准见表3-2-1。

表3-2-1 "介绍一种事物"习作评价表

要点	自评	他评
分为几个方面，思路清楚		
结合资料，用上说明方法把事物特点说明白		
能让他人对介绍的事物产生兴趣		
能用修改符号修改完善习作		

自己先根据习作要求，介绍要点进行自评，然后小组内学生互评，全程都有教师参与，做到了评价维度丰富多元。

这样的评价设计，体现"实用性"的原则，在真实的任务情境中，根据相应的交际语境进行情境化测评，全程评价，多元评价，将评价与任务驱动紧密结合，"评价促学"，激发了学生持续参与学习的热情和动力，也体现了"教—学—评"的一体化。

（三）精心设计作业评价和终结性评价

实施本任务群，教师要精心设计基础性作业、探究性作业和体验性作业，通过学生的作业对本任务群的实施进行评价。要紧密结合"实用性阅读与交流"的特点，关注社会发展中的热点问题和学生校内外的个人生活，创设真实的学习情境，设计主题考察、跨媒介创意表达等多种类型的作业，实现作业的育人功能。例如，学习完任务一"太空探索发布会"，可以设计让学生继续搜集有关月球、火星、金星等星球的资料，并选择其中一种天体进行介绍的作业。

本单元终结性评价则采取以"科普读物探究会"这一任务情境为载体，选择布封的《自然史》进行整本书阅读。通过阅读，体味用不同的语言风格介绍一种事物，激发学生了解自然科学的兴趣，同时向家长或者向同学、老师推荐自己感兴趣的事物，促使学生必须考虑符合特定情境要求的信息输出，学生需要根据实用需求到文中提取相应的信息，然后运用信息进行交流，完成交际任务。同时还要考虑人物间的角色关系，体现交际素养。这样的情境化命题不仅考查学生显性的关键能力，还关注学生潜在的素养。

总之，"实用性阅读与交流"学习任务群让语文回归生活，让学生学以致用，其意义十分重要。教师要在用好统编教材的基础上，链接学生生活，充分挖掘课内外资源，整合教学内容，进行整体设计学习任务，让学生在真实的学习情境中，在丰富多彩的实践活动中，体验生活，学习阅读与交流，提升语言运用能力，培养适应未来生活的素养。

第三节　实施案例

❖ 案例1：我和丁丁游览大美中国 ❖
——二年级上册第四单元整体教学设计

【学习内容】

1. 课内学习资源：王之涣的《登鹳雀楼》、李白的《望庐山瀑布》《黄山奇石》、吴壮达的《日月潭》、权宽浮的《葡萄沟》、"语文园地四"。

2. 课外学习资源：高铁票、飞机票、景点票等。

【学习目标】

（一）知识目标

1. 认识55个生字，读准4个多音字，会写37个字，会写32个词语。

2. 联系上下文和生活经验、抓重点词句、边读边想画面理解词句及文章意思。

（二）能力目标

1. 能根据课文的描写，说说不同景物的特点。

2. 绘制"美景游览路线图"、制作"美景明信片"等，积累写景词句。

3. 积累新的语言形式，在具体情境中仿照运用，完成"游览大美中国，争当小小旅行家"核心任务。

4. 知道什么是留言条和留言条的格式，正确撰写留言条。

（三）素养目标

1. 通过优美的词汇，形象的表达，描绘不同地方之美，培养对大自然的赞美之情。

2.通过"我做祖国美景代言人"等活动，激发学生浓厚的爱国之情。

【任务情境】

根据新课标要求和教材编排特点，教师可以创设"我和丁丁游览大美中国"的生活情境，开展"游览大美中国，争当小小旅行家"的主题任务，让学生在实践活动中学习课文作者如何通过优美的词汇，形象的表达，描绘不同地方之美，表达赞美之情。

为了让学生在语文实践活动中积极主动地参与学习，需做好如下学习准备。提前上网搜集有关资料，准备图片或照片，能大致介绍清楚有关票类知识及祖国景点。

【学习规划】

"我和丁丁游览大美中国"的学习规划，见表3-3-1。

表3-3-1　"我和丁丁游览大美中国"学习规划

生活情境	主题	任务	材料组合	课时安排	对应目标与要素
我和丁丁游览大美中国	游览大美中国，争当小小旅行家	（一）做攻略	"识字加油站"+"单元导读"	2课时	积累词语；能正确、流利、有感情地朗读课文
		（二）赏美景	《古诗二首》+"日积月累"	1课时	能说出诗句意思，体会诗人所想，感受诗词中的风景美
			《日月潭》	1课时	代言晴雨中的家乡美景，按晴天和雨天的天气时段顺序说、写家乡美景
		（三）探美景	《黄山奇石》+"字词句运用"	1课时	学习比喻修辞方法，体会表达效果；学习拟人修辞方法，体会表达效果；设计情境化说话训练
			《葡萄沟》+"我的发现"	1课时	感知《葡萄沟》分—总结构的写作方法；运用"分—总结构"写作提纲
		（四）写美景	"我爱阅读：《画家乡》"	1课时	绘制"美景游览路线图"、制作"美景明信片"等，积累写景词句
			"写话：学写留言条"	1课时	知道什么是留言条和留言条的格式，正确撰写留言条

【学习过程】

（一）做攻略

本任务以"帮助丁丁去旅行"这一任务情境为载体，整合了"识字加油站""单元导读"的内容，设计了四项语文实践活动，明确本单元学习任务，积累词语，读通课文，了解课文主要内容。

1. 创设情境，单元导入

（1）谈话导入：同学们，今天老师带来了一位新朋友丁丁。瞧，他准备游览我们祖国的大美河山（出示地图）。这不，他买了一张火车票。可是，火车票上有些字难住了丁丁。同学们能帮帮他吗？这节课，就让我们一起帮助丁丁去旅行吧！

（2）齐读课题：认识火车票。

2. 认读生字，初识车票

（1）大声读，认生字：带拼音读—去拼音读—全班检测读。

（2）有序读，知内容。

①出示火车票，提问：你用什么顺序读这张火车票？

②教师补充：从左到右，从上到下，有序观察。

（3）仔细读，找信息。

①出示火车票，学生仔细读后指名回答。

②小结：认识火车票的第三步——仔细读，找信息。

3. 角色体验，看懂车票

（1）"角色体验"挑战1。

①如果你是乘客丁丁，乘车前，你最需要知道车票中的哪些信息？

②句式说话，同桌互说。

（2）"角色体验"挑战2。

在火车站中，除了看自己手中的票来获取坐车信息，还可以通过车站广播员的播报，来了解相关信息。如果你是火车站广播员，检票时，你应该怎么播报呢？

①播放一段火车站广播员音频，让学生听一听。

②模仿音频中的广播员，练习着说一说。

（3）拓展认知：小小电子屏，大大的信息。

4. 拓展识字，识票达人

（1）出示学生收集的"票类家族"剪贴报。

（2）小组合作：请选择你喜欢的一种票，用上所学的三个妙招，组内轮流交流。你从票中知道了哪些信息？

（3）学生汇报。

（4）学习小结。

（二）赏美景一

本任务创设了丁丁带你领略诗词中的风景美的情境，整合《古诗二首》和"日积月累"的内容，设计了四个学习活动，学习古诗方法，读出诗中画，读懂诗中意，体会诗人所想，感受诗词中的风景美。

1. 印象诗词

（1）情境导入：丁丁的"游览大美中国"之旅开始啦！让我们去看看吧。（播放视频）

（2）古人也跟我们一样为祖国的大好河山所震撼，他们用古诗的形式记录了所见所感！（出示两首古诗，全班齐读。）

（3）知诗人：简介王之涣和李白。

2. 登高望远

（1）齐读古诗。

（2）出示古诗学习小妙招：一读（读诗识字）、二看（课文插图）、三想（想象画面）、四背（熟背诗歌）。

（3）自读古诗，读出节奏和停顿。

（4）整体感知，说一说：同桌互学；想一想：边想象画面，边说一说这首诗的意思。

（5）小结：从学习和批判两个角度升华主题。学习：站得高，看得远；不断学习，与时俱进。批判：井底之蛙；鼠目寸光。

（6）迁移运用，句式应用。

当你登山爬到半山腰，因为太辛苦想放弃时，爸爸也许会对你说："_____
_____。"

当你考试取得好成绩时，妈妈为了让你不骄傲，希望你继续努力，也许会对你说:"_____。"

（7）背一背：配乐朗读古诗，填空式背诵古诗。

3. 庐山观瀑

（1）请学生运用刚刚学到的方法，合作学习《望庐山瀑布》。

（2）学生展示，全班交流，想象画面说诗意。

（3）体会诗歌写法之妙，拓展了解古诗中的虚数。

（4）配乐背诵古诗。

4. 诗歌诵读

（1）出示"日积月累"，全班读一读。

（2）看图猜一猜诗句的意思。

（3）诗句朗诵，积累美景诗句。

（4）学习小结。

（三）赏美景二

本任务创设了丁丁带你感受日月潭晴雨天的风景美的情境，根据《日月潭》的内容，设计了四个学习活动，学习运用具体的阅读策略理解文章。

1. 观——日月潭周边环境

（1）情境导入：丁丁的"游览大美中国"之旅开启新篇章啦！让我们开启日月潭之旅吧！出示课题《日月潭》，齐读。

（2）观看视频，思考：日月潭在哪里？周边环境怎样？日月潭的名字是怎么来的？

（3）学生在课文中画出相关句子，交流汇报得名原因和迷人之处。

（4）教师相机介绍日月潭，指导抓住重点词句理解文章意思，读中感悟，并拓展相关知识。

2. 读——日月潭风光秀丽

（1）配乐朗读课文，边读边想象画面。

（2）多种形式指导有感情朗读，读出日月潭的风光秀丽。

3. 赏——日月潭晴雨风光

（1）日月潭的风景优美，清晨和中午、晴天和雨天的景色各不相同，令人陶醉。让我们把不同时间段的风景以表格形式罗列。

（2）出示要求：读第3、4自然段，小组合作，完成表3-3-2。

表3-3-2　第3、4自然段天气景物描写

天气	什么景物	什么样子
晴天		
雨天		

（3）借助表格，连词成句，试着按清晨、中午的顺序说一说日月潭的晴雨天景色。

（4）对比理解"清晰和朦胧"，鼓励学生积累这一对反义词。

（5）看到中午的日月潭，你有什么感受？能把你的感受通过朗读体现出来吗？

（6）根据提示，尝试背诵第4段。

4. 享——晴雨中身边美景

（1）我是家乡美景推荐人：热情的小小代言人，你推荐的"家乡景点"晴天和雨天不同时段各具魅力，细细品味，与大家分享吧！

（2）出示要求：

① 推荐最美家乡景点名称。

② 先将关键词罗列在表格里。

（3）最佳家乡美景推荐人评选，同桌互说，全班共说。

（4）学习小结：今天我们跟随着丁丁游览了日月潭，知道了日月潭的得名原因和迷人之处，并且代言了晴雨中的家乡美景，学会了按顺序说、写家乡美景。

（四）探美景一

本任务以"丁丁带你赏黄山奇石，品写景修辞之美"这一任务情境为载体，根据《黄山奇石》的内容，设计了三项语文实践活动，明确本单元学习任务，学习比喻、拟人修辞方法，提高学生语言表达能力。

1. 一起来巡黄山啦

（1）观看视频趣导入：丁丁的黄山游览之旅开始啦，让我们一起乘坐快捷

列车去看看黄山独特的景色吧（观看《黄山奇石》特辑，形成初步印象）。

（2）认识黄山四绝（天下四绝）：奇松、怪石、云海、温泉。

（3）出示课题《黄山奇石》，读出重点。

（4）明确赏《黄山奇石》特色，品写景修辞之美的行程图。

2. 走进黄山赏奇石

（1）初读课文，说一说课文介绍了几处景观？

（2）看奇石图片，引导学生通过形状猜出奇石名称。

（3）深入阅读，梳理探究：文中具体介绍了哪几块奇石？它们分别像什么呢？哪里像？请你细读《黄山奇石》，完成表3-3-3。

表3-3-3 《黄山奇石》特点表

奇石名称	像什么	哪里像
你喜欢这样的描写吗？为什么？请写在下面：		

（4）小组交流分享：说奇石名称，它们分别像什么呢？哪里像？

（5）品味语言学修辞，体会表达效果。

①从"仙桃石""仙人指路"描写中学比喻。

②迁移运用，仿说句子：用"……好像……"仿说比喻句。

③从"猴子观海""金鸡叫天都"描写中学拟人。

（6）图文结合，认识"天狗望月""狮子抢球""仙女弹琴"。

3. 我是黄山代言人

（1）学以致用，练习表达：发挥想象，争当"黄山代言人"，学着课文来给他们取取名字，用上比喻、拟人修辞手法将石头的神奇表达出来吧。

（2）学习小结，学会表达。

① 迁移运用，加深印象：学习了比喻的修辞手法，请你说说柳条、云朵、枫叶、鞋、椅子、路灯、胡子像什么？看谁想得妙，说得多。

② 巩固练习。

（五）探美景二

本任务创设了丁丁带你感受葡萄沟的风土人情，根据《葡萄沟》的内容，设计了三个学习活动，学习运用具体的阅读策略理解文章。

1. 整体感知，走进景区

（1）情境导入：丁丁的"游览大美中国"之旅继续一路向北！让我们开启新疆之旅吧！出示课题《葡萄沟》，齐读。

（2）在地图中找一找"新疆"的位置。

（3）观看新疆的美景视频，用几个词来形容新疆的美景。

（4）作者介绍。

（5）初读课文，找出课文是怎样夸葡萄沟的？

（6）教师相机介绍葡萄沟，指导抓住重点词句理解文章意思，读中感悟，并拓展相关知识，渗透总—分的写法。

2. 趣学课文，品味语言

（1）配乐朗读课文，边读边想象画面。

（2）多种形式指导有感情朗读，读出葡萄沟的优美。

（3）运用举例介绍葡萄沟的水果，重点突出人们最喜爱的是葡萄，为后面的课文学习，提前做好铺垫。

（4）品读课文句子，了解葡萄的种植地，近距离欣赏葡萄园的描写、葡萄的颜色分类，从而引入"语文园地四"的颜色词语的拓展学习，邀请朋友做客品葡萄。

（5）指导朗读葡萄沟的葡萄种植和丰收的段落句子，感受维吾尔族人民的热情好客，并进行多种形式的朗读：全班朗读、师生合作读、男女合作读。

（6）了解葡萄干的制作过程，并根据提示，尝试背诵第4段。

3. 拓展学习，运用语言

（1）仿写句子，加深体验。课文是如何描写葡萄的？请找出相关句子。

（2）舌尖上的中国，介绍家乡美景，分享家乡特产。"我是家乡代言人", 推荐"家乡景点""家乡特产""家乡美食"等与大家分享吧！争做最佳家乡代言人评选。

（3）学习小结。

（六）写美景一

本任务创设了丁丁带你玩家乡之"我手画家乡"的情境，整合了"我爱阅读：《画家乡》"的内容，设计了四个学习活动，旨在引导学生通过阅读发现家乡的美好，并学会用积累的好词好句介绍自己的家乡，激发对家乡的热爱之情。

1. 自主阅读，感受美景

（1）情境导入：同学们，上节课我们跟着丁丁一起去游览了美丽的葡萄沟。这节课丁丁将带着我们去认识更多的新朋友，带领我们去他们的家乡旅游。你们准备好了吗？让我们一起走进"我爱阅读：《画家乡》"。

（2）自读课文，读准字音，读通句子，根据上下文，猜猜它们的意思。

（3）文章介绍了哪些同学的家乡？他们的家乡分别在哪里？

（4）在他们的家乡中，你看到了怎样的景象？

2. 习得写法，推荐美景

（1）小组讨论，找出文章中形容风景的好词。

（2）想一想，作者是怎样介绍涛涛的家乡的？

3. 动笔传情，撰写美景

（1）你们的家乡又是怎么样的？同桌交流。

（2）动动小手，画出家乡的美景，并跟同学介绍。

4. 展示交流，互享美景

（1）在本单元的学习中，我们积累了许多好词佳句，请你用这些好词去跟同学介绍你的家乡美景。

（2）学习小结：今天我们跟随着丁丁去了不同小朋友的家乡旅游，并学会了运用积累的好词好句介绍自己的家乡。在平时的写话中，我们也要善于运用好词好句，为我们的文章添彩。

（七）写美景二

本任务创设以丁丁与你"约看家乡美景"这一任务情境为载体，整合了三项语文实践活动，明确本单元学习任务，以批注的方式提示学生留言条的具体内容及写留言条的具体步骤，知道什么是留言条和留言条的格式，学会正确撰写留言条。

1. 情景导入，引出留言条

（1）今天下午，丁丁约了好朋友小新一起去东莞可园赏美景，可是小新的爸爸妈妈不在家，小新写了一张留言条。

（2）出示留言条的内容，让学生知道留言条的内容要清楚。观察留言条的格式，发现书写格式。

（3）汇报交流，初识留言条。

（4）揭示课题，知道留言条的含义。

2. 习得方法，认识留言条

（1）学生浏览完整的留言条。汇报交流，说说从留言条里读懂了什么。

（2）借助批注，引导发现留言条的格式。

① 对照批注，发现留言条的格式要求。

② 整理、归纳留言条格式口诀，多形式熟读。

③ 闯关游戏：我来帮助他们。出示游戏的要求（略）。

④ 出示格式错误、没有落款、人称错误的留言条，找错改正。

3. 情景模拟，撰写留言条

（1）选择一种情况，写一张留言条。

① 去办公室还书，老师不在。

② 通知小芳明天上午9点到学校参加书法小组的活动，但是她家里没人。

（2）读一读，想一想怎么写。

（3）二选一，写一张留言条。

4. 展示交流，评价留言条

（1）修改留言条，按星级评价。格式正确一颗星，内容清楚一颗星，书写正确一颗星。

（2）分享展评。

（3）学习小结：今天，我们学习了怎么写一张留言条。如果大家以后有什么事情要告诉别人，除了打电话，又多了一种办法。

（本案例由东莞市大朗镇中心小学胡亮萍设计）

❖ 案例2：观察大自然，用日记记录收获 ❖

——四年级上册第三单元整体教学设计

【学习内容】

1. 课内学习资源："古诗三首"、叶圣陶的《爬山虎的脚》、法布尔的《蟋蟀的住宅》、"阅读链接：《燕子窝》"、"口语交际"、"习作：写观察日记"、"语文园地三"。

2. 课外学习资源：《蚯蚓的日记》《森林日记》。

【学习目标】

（一）知识目标

1. 认识22个生字，读准2个多音字，会写40个字，会写32个词语。

2. 背诵三首古诗，默写《题西林壁》，能抄写表达准确形象的句子，积累与秋天有关的气象谚语。

3. 了解作家、作品的有关信息。

（二）能力目标

1. 能有感情地朗读课文，能借助注释、插图理解诗句的意思，用自己的话说出想象到的景象。

2. 能通过文章准确生动的表达，感受作者连续细致的观察；能留心周围事物，养成连续细致观察的习惯。

3. 能用观察日记记录观察对象的变化，能在小组内分享观察日记，并进行评价。

4. 能在小组讨论时注意音量适当；不重复别人说过的话；想法接近时，先认同再补充。

5. 能正确搭配动物和它的"家"，知道动物的"家"有不同的说法。能通过比较句子，体会表达的准确性。

（三）素养目标

1. 能观察大自然，能用图文结合、表格等多种方式记录自己的见闻，养成写观察日记的习惯。

2. 知道明确细致观察是连续观察的基础，是描写准确生动的前提；对周围事物有连续观察的兴趣，愿意与同学分享自己的收获。

【任务情境】

科学老师找到语文老师，说学校接到镇里一个任务，要在学校举办一个与动植物有关的科普展，科学老师想请401班的学生举办以"奇妙的大自然"为主题、以观察日记为形式的科普展。于是，语文老师结合本单元的学习带学生一起去举办观察日记成果展。

为了让学生在语文实践活动中积极主动地参与学习，需做好如下学习准备：

1. 选择自己身边的一两种动植物进行连续性观察，看看它们的颜色、形状、气味等方面有什么变化。

2. 班级分成3组，每组相隔一天浸泡花生，并对其进行观察。边观察边拍下图片，为课堂学习做准备。

3. 搜集观察日记读一读，了解观察日记的格式和表达形式。

【学习规划】

"观察大自然，用日记记录收获"的学习规划，见表3-3-4。

表3-3-4　"观察大自然，用日记记录收获"学习规划

生活情境	主题	任务	材料组合	课时安排	对应目标与要素
举办"奇妙的大自然"观察日记成果展	连续观察大自然，用日记记录收获	（一）明确主题任务	"单元导读"+"古诗三首"+《爬山虎的脚》+《蟋蟀的住宅》+"口语交际"+"习作"+"语文园地三"	1课时	了解本单元学习主题和学习任务，读通课文，了解课文主要内容

续 表

生活情境	主题	任务	材料组合	课时安排	对应目标与要素
举办"奇妙的大自然"观察日记成果展	连续观察大自然，用日记记录收获	（二）观察对象我来定	"古诗三首"+"口语交际"	1课时	1.知道从不同角度观察所见的事物是不同的。 2.确定观察对象，交流观察的方法和心得。 3.尝试用合适的角度和方法去观察事物
		（三）观察方法我发现	《爬山虎的脚》+《蟋蟀的住宅》+"交流平台"+"词句段运用"	3课时	1.通过品析课文中描写准确生动的句子，感受作者连续细致的观察。 2.交流总结观察方法，指导学生进行连续观察，并做好观察记录。为写观察日记做准备
		（四）观察日记我来写	"习作：写观察日记"+"阅读链接：《燕子窝》"	2课时	1.能够进行连续细致观察，用观察日记记录观察对象的变化。 2.学会使用图文结合、表格等多种方式记录收获，知道如何对他人的收获进行评价
		（五）观察日记我展示	办"我的观察日记"成果展+"日积月累"	1课时	1.能进行连续观察，用观察日记记录观察对象的变化。 2.能在小组内分享观察日记，并进行评价

【学习过程】

（一）明确主题任务

本任务以举办"我的观察日记"成果展任务为载体，了解本单元的主要任务，通读本单元的课文，了解主要的学习内容，制订活动计划。

1. 接受委托，举办"奇妙的大自然"观察日记成果展

（1）出示厚街镇教管中心关于每所学校都要举行科普展的相关通知和科学老师委托401班学生举办观察日记成果展的视频，创设任务情境，引入单元的学习。

（2）综观单元，明确学习目标。

2. 浏览单元，罗列任务清单

（1）讨论：我们要完成举办成果展的任务，结合本单元的学习内容，需要完成哪些任务？

（2）分小组罗列任务清单。

要点：确定观察对象、发现观察方法、做好观察记录、写观察日记、展示观察日记。

（3）讨论通过任务规划。

3. 活动规划，办观察日记展

（1）分小组根据任务清单制订活动计划。

（2）讨论通过活动计划。

（二）观察对象我来定

本任务主要是要以课文为依托，知道从不同角度观察景物是不同的，确定观察对象，交流观察的方法和心得，并尝试用合适的角度和方法去观察事物。

1. 读一读古诗，发现隐藏在诗中的观察秘诀

（1）学习生字，把三首古诗读准确。

（2）根据插图和注释，大致说说三首古诗的意思。

（3）说说三首古诗的共同点。（描绘了从不同角度观察到的景物）

2. 说一说观察，寻找观察大自然的事物的方法

（1）细读三首古诗，说说分别是用哪些方法去观察景物的？

（抓住颜色、形状的特点；从不用的方位去观察事物；从色香味等不同角度去观察事物；用比较的方法等。）

（2）讨论：从中你受到什么启发？我们可以用什么方法去观察大自然？

（3）小结观察方法。

3. 试一试观察，确定要观察的对象，并尝试观察

（1）和同学说一说自己打算观察大自然的哪些事物？

（2）我们可以用什么方式尝试观察？

（3）课后用自己喜欢的方式去观察一种事物，如把它的样子画下来，在旁边写上自己的观察所得、用照相机把它拍下来，做成一份观察报；和爸爸妈妈一起从不同的时间和不同的角度去拍观察视频，并尝试进行解说。

（三）观察方法我发现

本任务旨在通过品析课文中描写准确生动的句子，感受作者连续细致的观察。引导学生交流总结观察方法，指导学生进行连续观察，并做好观察记录，为写观察日记做准备。

1. 放大镜：寻找细致观察的地方，说发现

（1）分小组读《爬山虎的脚》或者《蟋蟀的住宅》，一起去寻找文章中哪些地方是作者进行细致观察的描写，在组里进行整理。

（2）交流作者进行了细致观察的依据。

2. 录像机：寻找连续细致观察的地方，说发现

（1）分小组分别读《爬山虎的脚》或者《蟋蟀的住宅》，一起去寻找文章中哪些地方是作者进行连续细致观察的描写，在组里进行汇报和整理。

（2）交流作者进行了连续细致观察的依据。

3. 照相机：寻找描写准确、生动的语句，说奥秘

（1）分小组发现作者描写特别准确、生动的语句，读一读，说一说这些句子美在哪里？

（2）小组汇报，老师总结把观察的事物描写得特别准确、生动的方法。

4. 观察对象进行连续观察，做好观察记录卡

（1）用"放大镜""录像机"和"照相机"对选定的观察对象进行观察，（可以是自己喜欢的动植物，也可以是全班统一的花生发芽的过程）填写好观察记录卡，见表3-3-5。

表3-3-5　植物观察记录卡

观察对象	时间	花生豆					花生芽			
		颜色	形状	大小	表面光滑度	……	颜色	形状	长度	……
花生	第一天									
	第二天									
	第三天									
	第四天									
	第五天									

（2）分小组交流，互相评价一下，在观察记录卡上是否能用"放大镜""录像机"和"照相机"进行连续细致的观察？还可以怎样进行观察。

（3）小组派代表上台汇报观察的结果，老师适当点评。

（4）根据老师的建议，在家里继续观察花生的发芽过程，用自己喜欢的方式做好观察记录。

（四）观察日记我来写

本任务旨在让学生在活动中能够进行连续细致的观察，用观察日记记录观察对象的变化，学会使用图文结合、表格等多种方式记录收获，知道如何对他人的收获进行评价。

1. 观察生长变化，掌握观察要点

（1）分小组在组内展示花生发芽的实物和观察记录卡，介绍自己的观察所得。

（2）学生根据评价表进行点评，进一步明确观察要点和观察方法。

2. 观察记录变化，填写观察记录卡

（1）请观察花生浸水第一天和第二天的小组代表上台汇报。

（2）全班同学根据评价标准进行评价和提出建议，见表3-3-6。

表3-3-6　观察"花生生长的过程"评价标准

评价要点	星级评价
能观察花生米的表皮的光滑度的变化	☆☆☆（　　　）
能观察花生米和芽的颜色的变化	☆☆☆（　　　）
能观察花生米和芽的形状的变化	☆☆☆（　　　）
能观察花生米的大小和芽的长度的变化	☆☆☆（　　　）
能把观察所得比较详细地记录下来	☆☆☆（　　　）
能对花生的发芽过程进行连续性的观察	☆☆☆（　　　）

3. 观察记录变化，填写观察记录卡，尝试描述

（1）请观察花生浸水第三天和第四天的小组代表上台汇报。

（2）全班同学根据评价标准进行评价（评价标准同上）和提出建议。

4. 借助课内外范例，了解范式，学写观察日记

（1）仔细阅读课本的"阅读链接：《燕子窝》"，发现写观察日记的格式，体会作者是怎样连续细致观察的。

（2）学生分享搜集到的观察日记，介绍观察日记的格式和表达形式的特点。

（3）把自己的观察记录卡的观察所得，用观察日记记录下来。

（五）观察日记我展示

本任务旨在检查学生是否能进行连续观察，用观察日记记录观察对象的变化；在活动中让学生能在小组内分享观察日记，并进行评价。

（1）分组展示观察日记，说说观察收获和观察故事。

（2）小组代表展示收获、评价，评出"最佳观察员"，观察日记评价标准见表3-3-7。

表3-3-7　观察日记评价标准

评价要点	星级评价
观察日记的格式正确	☆☆☆（　　　）
能抓住事物的特点进行细致的观察	☆☆☆（　　　）
能把观察所得比较详细地记录下来	☆☆☆（　　　）
能对事物进行连续性观察	☆☆☆（　　　）
能比较详细地介绍自己的观察所得	☆☆☆（　　　）

小结，根据评价结果，评出"最佳观察员"。

（3）举办一期"奇妙的大自然"观察日记成果展。

① 分工合作，在班级展示栏中进行"奇妙的大自然"观察日记成果展。

② 邀请学校的老师和同学来参观，由小小解说员进行解说。

③ 小结：看了大家的观察日记展示，听了大家的观察汇报，真的感受到了大自然的奇妙。请大家一起来读一读语文园地中与秋天有关的气象谚语吧。

（本案例由东莞市厚街镇新塘小学卢少红设计）

❖ 案例3：把一种事物说明白 ❖

——五年级上册第五单元整体教学设计

【学习内容】

1. 课内学习资源：《太阳》、《松鼠》、《鲸》、《风向袋的制作》、"习作：介绍一种事物"。

2. 课外学习资源：《月球》、《辞海》"松鼠"条目、布封的《自然史》。

【学习目标】

（一）知识目标

1. 识记本单元生字新词。

2. 默读课文，把握课文主要内容，能分条记录获取的信息。

3. 了解列数字、作比较、打比方等说明方法，体会运用这些说明方法的好处。

（二）能力目标

1. 搜集与太阳、松鼠、白鹭等有关知识的资料，并能提炼整理。

2. 通过读写结合，掌握运用恰当的说明方法，将某一种事物介绍清楚。

3. 通过对比阅读，能体会说明性文章不同的语言风格。

（三）素养目标

1. 通过对文本的理解和拓展学习，懂得对不同的事物需要选择恰当的说明方法，运用适合事物特点的说明方法才能把事物说明白。

2. 通过课外阅读，激发学生借助说明文了解自然科学的兴趣。

【任务情境】

结合学校每年举办的科技博览会，创设"直播带货"的学习情境，安排一场校园博览会活动，评选出"直播达人"，让学生在喜闻乐见的活动中积极主动地参与学习，并做好如下学习准备：

1. 选择一种自己了解并感兴趣的事物作为介绍对象。

2. 搜集相关资料，能从不同角度介绍清楚这个事物。

3. 使用恰当的说明方法介绍这个事物不同方面的特点，吸引别人对你介绍的事物产生兴趣。

【学习规划】

"举办科技博览会，评选最佳带货王"的学习规划，见表3-3-8。

表3-3-8　"举办科技博览会，评选最佳带货王"学习规划

生活情境	主题	任务	材料组合	课时安排	对应目标与要素
举办科技博览会，评选最佳带货王	把一种事物说明白	（一）太空探索发布会	《太阳》+《月球》等	2课时	1.识记生字新词，了解列数字。 2.学习作比较、打比方等说明方法，体会运用这些说明方法的好处
		（二）森林中的"小可爱"直播会	《松鼠》+《辞海》"松鼠"条目+《白鹭》等	2课时	1.搜集与太阳、松鼠、白鹭等有关的知识资料，并能提炼整理。 2.通过对比阅读，能体会说明性文章不同的语言风格
		（三）海洋"巨无霸"介绍会	《鲸》+"初试身手"	1课时	通过对文本的理解和拓展学习，懂得对不同的事物需要选择恰当的说明方法，运用适合事物特点的说明方法才能把事物说明白
		（四）科技博览会	"习作：介绍一种事物"	2课时	使用恰当的说明方法介绍这个事物不同方面的特点，吸引别人对你介绍的事物产生兴趣
		（五）科普读物探究会	布封的《自然史》	1课时	通过课外阅读，激发学生借助说明文了解自然科学的兴趣

【学习过程】

（一）太空探索发布会

本任务以"太空探索发布会"这一任务情境为载体，整合了四项语文实践

活动，明确本单元学习任务，读通课文，了解课文主要内容，探究：把一个事物介绍清楚，为什么要用恰当的说明方法，其内在原因是什么。

课前导入：创设情境，明确单元任务，梳理本单元基础知识。

1. 梳理内容，我给太阳做信息卡

学习单一：默读课文，圈画出关键词句，梳理信息，完成太阳资料卡，如图3-3-1所示。

图3-3-1　太阳信息卡

2. 探秘表达，我为作者代言

（1）学习单二：自主阅读课文的第1至3自然段，结合文章的关键词句，说一说：作者是运用哪些说明方法介绍太阳的特点的，这样写的好处是什么？

（2）我为作者代言提示：

大家好，我是作家张姞民。为了说明太阳的_____特点，我运用了____的说明方法，比如：这个句子_____，这样写的好处是_____。

（3）交流后小结：说明白事物秘籍。

要说明白一事物，说明方法是关键。

真实科学列数字，抽象事物打比方。

两类以上作比较，举个例子胜雄辩。

语言严谨又准确，围绕中心条理清。

3. 整合信息，我在空间站做讲解

（1）学习单三：结合课文和搜集的与太阳相关的资料，向来宾介绍太阳。

情境一：我在空间站做讲解员

大家好！欢迎各位来到太阳空间站。现在由我来做讲解员，向大家介绍太阳。

情境二：太阳的自述

大家好！我是太阳。欢迎各位来到空间站。现在由我来向大家做自我介绍。

（2）交流汇报，评价，评价标准见表3-3-9。

表3-3-9 "介绍太阳"评价表

评价要点	星级评价
能从几个方面介绍太阳	☆（　　　）
能试着用不同说明方法，把太阳特点说明白	☆ ☆（　　　）
能试着用不同说明方法，把太阳的两个特点说明白。语言连贯，自信大方	☆ ☆ ☆（　　　）

4. 遨游太空，我是天体解说员

（1）学习单四：认真阅读与月球相关的资料，遨游太空，做星球的解说员。

选择其中的一种形式：我从太空回来，我向大家介绍我喜欢的星球；或者××星球的自述。试着运用不同的说明方法，把星球的两个特点说明白了。

（2）交流汇报，评价。

（二）森林中的"小可爱"直播会

本任务以"森林中的'小可爱'直播会"这一任务情境为载体，梳理信息，并通过文本对比体会说明文语言的风格。

导入：回顾《太阳》一文的学习，交流上节课的收获，创设情境导入新课。

1. 分条梳理信息

（1）学习单一：自由读课文，思考：《松鼠》这篇课文介绍了松鼠的哪些信息，分条梳理出来。

（2）小组合作完成后，全班交流：从外形、活动、吃食、搭窝四方面整理信息并汇报。

（3）小结：信息分条方法。

①按照每段的不同信息来分。

②按照外表和生活习性来分。

③按照"漂亮、乖巧、驯良"来分。

2. 对比阅读探究

（1）出示《辞海》"松鼠"条目。

（2）阅读对比材料，小组交流：这个介绍是否清楚明白？如果要直播松鼠，采用哪种方法介绍比较好？

《辞海》是工具书，是供我们查阅资料用的，不可能用大量文字去说明，只能用最简洁的文字做科学说明。

布封的《松鼠》是文艺性说明文，说明松鼠的特性就要用生动的语言文字来描述。这就是选择了恰当的说明方法。

3. 迁移方法运用

（1）选择身边的一种事物，试着运用多种方法来说明它的特征。

（2）把散文《白鹭》第2—5自然段改写成一段说明性文字，体会它们的不同。

（三）海洋"巨无霸"介绍会

本任务以"海洋'巨无霸'介绍会"这一任务情境为载体，梳理信息，并通过文本对比体会说明文语言的风格。

导入：回顾《太阳》《松鼠》的学习，交流上节课的收获，创设情境导入新课。

1. 海洋"巨无霸"信息卡

（1）批注课文的关键词句，梳理海洋"巨无霸"——鲸的信息。

（2）交流汇报。

2. 鲸为什么是海洋"巨无霸"

（1）趣味话题——课文主要用了什么方法让我们觉得鲸是海洋"巨无霸"？

（2）品读例文，组织讨论。

（3）小结：例文将鲸写得很大很大的一些基本说明方法：如列数字、作比较、举例子、打比方等。

3. 我来告诉你：鲸，不是鱼

（1）趣味话题——我来告诉你：鲸，不是鱼。

（2）每位同学就此话题，根据例文内容写一篇百字左右的短文。

（3）读例文，学写作。可以从"胎生""用肺呼吸"等角度来阐释"鲸是哺乳动物"这一观点，也可以试着写出像《松鼠》这样的文艺性说明文。

（四）科技博览会

本任务以学校"科技博览会"这一任务情境为载体，回顾交流本单元学到的介绍一种事物的表达方法，将自己感兴趣的事物说明白。

1. 读题审题，明确要求

（1）任务情境：12月是学校科技博览会，其中有一个项目是"产品介绍会"，同学们利用本单元学到的介绍一种事物的表达方法，将自己喜欢的事物说明白，争做直播达人。

（2）默读本次习作题目，学会读题审题，明确要求。

① 选择一种物品介绍给大家。

② 从哪些方面、按照怎样的顺序来介绍。

③ 用说明方法。

2. 回顾"方面"，言之有物

（1）交流怎样介绍才能让这件物品更有吸引力，从内容、顺序、方法三方面介绍。

（2）回顾《鲸》《松鼠》两篇写动物的说明文是从哪些方面介绍的。

（3）同学们想要介绍哪种物品呢？分哪几个方面来介绍？

（4）同组交流后，派代表全班汇报，师生共同梳理。

如介绍蔬菜、水果，应重点介绍形状、颜色、味道，还可以介绍种类、产地、产量、营养价值、保鲜等方面的情况以及相关的故事。

介绍玩具、文具、电器，应重点介绍形状、特点、构造、用途以及使用过程中应注意的问题等。

（5）小结：同学们，我们学会了要仔细观察物品，抓住其要点，介绍的内容才不会显得空洞和过于简单，这样我们才有话可说，做到"言之有物"。

出示秘籍1：仔细观察抓要点——言之有物。

3. 回顾顺序，言之有序

（1）再次回顾本单元课文的说明顺序：学习作者是如何抓住特点，按顺序、有条理地表情达意的，学习作者如何谋篇布局。

（2）结合整理的表格让学生交流课文的说明顺序。

（3）全班汇报，小结：向大家介绍物品的时候，要抓住物品最突出特点，按照一定的逻辑顺序，做到层次分明、条理清晰。这就叫"言之有序"。

出示秘籍2：特点鲜明有条理——言之有序。

4. 回顾方法，言之有法

（1）回顾本单元学到的说明方法，学习作者是如何聚焦说明方法和语言特色，做到准确用词，形象表达的。

（2）学生找出课文中的精彩语句并赏析。

（3）范文引路：出示一个柑橘，一个脐橙，用打比方、作比较的说明方法说一说。

柑橘，常绿小乔木或灌木。小枝较细弱，无毛，通常有刺。叶长卵状披针形。花黄白色，果扁球形，橙黄色或橙红色，果皮薄易剥离。春季开花，10—12月果熟。性喜温暖湿润气候，耐寒性。橘皮中含有的维生素C远高于果肉，维生素C，又名抗坏血酸，在体内起着抗氧化的作用，能降低胆固醇，预防血管破裂或渗血，可以增强对坏血病的治疗效果；经常饮用橘皮茶，对患有动脉硬化或维生素C缺乏症者有益。

（4）交流，小结：刚才大家介绍物品时，灵活多样地运用了不同的说明方法，能够用词准确、形象地表达，努力用自己的语言风格去吸引人。这样的表达我们称之为"言之有法"。

出示秘籍3：语言准确方法多——言之有法。

5. 师生梳理，思维导图

（1）学习拟题。

（2）出示说明文写作秘籍，梳理习作思维导图。

> 写说明文须牢记，突出特点是第一。
>
> 根据内容来拟题，仔细观察抓要点。
>
> 特点鲜明有条理，语言准确方法多。

（3）学生根据思维导图，现场写作。教师巡视指导。

6. 优物推介，评选达人

（1）举行优物推介会，评选直播达人。

（2）小组内读一读，大家听一听、评一评。

（3）班级互动交流评选出：最准确的描写、最生动的描写、最让人喜欢的物品直播达人等奖项颁奖，评价标准见表3-3-10。

表3-3-10　"介绍一种事物"习作评价表

要点	自评	他评
分为几个方面，思路清楚	☆☆（　　）	☆☆（　　）
结合资料，用说明方法把事物特点说明白	☆☆（　　）	☆☆（　　）
能让他人对介绍的事物产生兴趣	☆☆（　　）	☆☆（　　）
能用修改符号修改完善习作	☆☆（　　）	☆☆（　　）

（五）科普读物探究会

本任务以"科普读物探究会"这一任务情境为载体，选择布封的《自然史》进行整本书阅读。通过阅读，体味用不同的语言风格介绍一种事物，激发学生了解自然科学的兴趣。

1. 问

打开这本书，最吸引你的是哪一个篇章？为什么？

2. 理

阅读目录第二编里的动物篇章，四人小组协作用思维导图将这些动物分类，并提炼每一个动物最突出的特点。

3. 思

（1）《自然史》里写了很多动物，你觉得人和动物的根本区别是什么？

（2）你是否同意把一些野兽也驯化成家畜？在小组交流的基础上进行集体分享。

4. 评

（1）1777年，法国政府在御花园里给布封建立了一座铜像，座上用拉丁文写着："献给和大自然一样伟大的天才。"这是他生前获得的最高荣誉。翻阅了他的书之后，你怎么理解这句评价？

（2）《自然史》不仅是智慧的科普读物，也是优美的文学珍品，请你尝试写一段书评。

（本案例由东莞市大朗镇中心小学李凤菊设计）

第四章

发展型学习任务群2:
文学阅读与创意表达

　　"文学阅读与创意表达"学习任务群是新课标创设的发展型学习任务群之一,旨在引导学生通过语文实践活动,触摸文学语言,感悟文学形象,欣赏和评价文学作品,以文学的方式表达自己独特的体验与思考,从而提高审美品位,形成健康的审美意识和正确的审美观念。本学习任务群与"实用性阅读与交流""思辨性阅读与表达"共同担负着培养学生阅读各类文本的能力,以及复合的表达与交流能力的责任。文学作品在发展审美素养、积淀文化底蕴、构建精神世界等方面具有其他文类作品无法替代的独特功能,历来是语文课程内容的重头戏,语文教师对此类文学有良好的研究基础。但是,以学习任务群组织与呈现语文课程内容,必将引发教与学的方式的转变,带来新的挑战,因此理解和落实"文学阅读与创意表达"学习任务群的课程价值、目标定位、内容要求,对推进语文课程改革意义重大。

第一节　价值与内容

　　新课标明确指出："本学习任务群旨在引导学生在语文实践活动中，通过整体感知，联想想象，感受文学语言和形象的独特魅力，获得个性化的审美体验；了解文学作品的基本特点，欣赏和评价语言文字作品，提高审美品位；观察、感受自然与社会，表达自己独特的体验与思考，尝试创作文学作品。"新课标对"文学阅读与创意表达"学习任务群的育人价值、学习方式与构成要素进行了具体阐释，需要教师进一步厘清其内涵，从而更全面地把握该学习任务群的本质。

一、课程价值：立习作之基，扎素养之根

（一）凸显语文课程的育人功能

　　新课标在"课程目标"中指出："语文课程围绕核心素养，体现课程性质，反映课程理念，确立课程目标。""审美创造是指学生通过感受、理解、欣赏、评价语言文字及作品，获得较为丰富的审美经验，具有初步的感受美、发现美和运用语言文字表现美、创造美的能力；涵养高雅情趣，具备健康的审美意识和正确的审美观念。"

　　这些论述都明确提出语文课程的价值追求，凸显了语文课程的育人功能。"文学阅读与创意表达"学习任务群对接"审美创造"这个语文核心素养内涵，蕴含着发现美、感受美、欣赏美、创造美等一系列内容和目标，并重点指向审美创造，兼顾其他素养。本学习任务群的育人目标概括起来包含三个方面：一是积累审美经验，即通过理解、欣赏语言文字作品，获得丰富的审美体验；二是发展审美能力，在阅读中发现美，在创作中表现美，成为主动的阅读者和有创意的表达者；三是在经典文学语言的熏陶下，形成正确的审美观念，

培养高雅的审美情趣。

（二）促进学习方式的变革

"文学阅读与创意表达"学习任务群以"群"的方式呈现教学内容和组织方式，必然促进学习方式的变革。本任务群与"实用性阅读与交流""思辨性阅读与表达"同属于发展型学习任务群。三者有着相同的学习路径：输入信息—内化建构—输出信息。同时，三者在价值定位、学习方式和思维特点等方面又存在区别，见表4-1-1。

表4-1-1　"文学阅读与创意表达"学习任务群

学习任务群	价值定位	学习方式	思维特点
实用性阅读与交流	实用有效，为未来生活奠基	倾听、阅读、观察、获取、整合、传递、沟通、交流	定义、解释、认同、实践
文学阅读与创意表达	审美创造，立习作之基，扎素养之根	阅读、感受、理解、欣赏、评价、表达、创作	联想与想象（形象思维）
思辨性阅读与表达	理性思辨，培养负责任的表达者	联想想象、分析比较、归纳判断、表达交流	比较推断、质疑审辨（理性思维）

从表4-1-1可以看出三个学习任务群并不是毫无关联，简单的并列关系，而是相互交叉、渗透的，既体现出语文课程内容的综合性，又凸显语文核心素养的四个方面是一个整体。"语言文字积累与梳理"学习任务群旨在引导学生掌握语言文字运用规律，为"文学阅读与创意表达"打下基础。同时，"文学阅读与创意表达"凸显文学体验，关联多个任务群，促进了学生语言发展、思维发展，增强学生的文化自信。可以说几个任务群是相互关联、相互促进的。

从表4-1-1还可以看出，三大任务群各有侧重点，为培养学生核心素养各自发力。"实用性"重在"用"，强调通过信息的获取与传递，满足生活中交流沟通的需求。"思辨性"重在"思"与"辨"，强调培养理性思维和理性精神。而"文学"重在"审美"。因此，教学"文学阅读与创意表达"，教师要改变传统的文学阅读教学方式，创设情境，引导学生在语文实践活动中，从被动学习到主动探究，通过阅读、感受、理解、欣赏、评价、表达、创作等学习方式，触摸语言文字，展开联想与想象，进入语境，去感受体验，去欣赏品味，获得审美体验，涵养高雅情趣，创意表达美，为美好人性奠基。

（三）促进学生核心素养发展

从新课标目标表述可以明确，"文学阅读与创意表达"学习任务群力求引导学生围绕不同的主题阅读多样的文学作品，从语言和形象等视角鉴赏、评价文本，持续积累审美体验，提升审美能力，提高审美品位；创造性地开展文学作品创作、交流、研讨等读写活动，表达自己对自然、社会、生活的个性化思考。

从学生的核心素养发展来看，文学阅读与创意表达具有独特价值，是发展学生核心素养的重要载体。本学习任务群不仅可以让学生"获得较为丰富的审美经验，具有初步的感受美、发现美和运用语言文字表现美、创造美的能力"，而且可以"涵养高雅情趣，具备健康的审美意识和正确的审美观念"；不仅让学生积累语言，感受语言魅力，习得习作规律，而且可以感受文学作品建构的奇妙世界，发展形象思维和直觉思维，形成追求真善美的审美取向，培养积极向上的人生态度。

二、课程内容：培养学生的审美语言素养

"文学阅读与创意表达"任务群的学习内容分学段呈现，突破了以往课程标准缺乏系统的文学阅读学习内容的局限，整合了识字与写字、阅读与鉴赏、表达与交流、梳理与探究等语文实践活动。下面，对本任务群小学的三个学段，从文本类型、学习主题、学习内容与要求、评价要求方面进行梳理，见表4-1-2。

表4-1-2　"文学阅读与创意表达"学习任务群

学段	文本类型	学习主题	学习内容与要求	评价要求
第一学段	革命文化	"英雄的童年"	阅读并学习讲述革命领袖、革命英雄、爱国志士的童年故事，表达敬仰之情和向他们学习的愿望	关注阅读兴趣，通过朗读和想象等，侧重考查学生对作品情境、节奏和韵味的大体感受
	人与自然	"春夏秋冬""多彩世界"	诵读表现自然之美的短小诗文，感受大自然的美景与变化	
	儿童文学	"童心天真"	学习儿歌、童话，阅读图画书，体会童真童趣，感受多姿多彩的生活，初步体验文学阅读的乐趣	

续 表

学段	文本类型	学习主题	学习内容与要求	评价要求
第二学段	革命文化	"饮水思源"	阅读并讲述革命故事、爱国故事、历史人物故事，感受幸福生活来之不易，表达自己对美好生活的向往，以及对革命英雄、仁人志士的崇敬之情	在阅读全文基础上，侧重考查学生对重要段落和语句的理解，以及对作品的语言和形象的具体感受
	人与自然	"珍爱自然"	阅读描绘大自然、表现人类美好情感的诗歌、散文等文学作品，结合自己的生活体验，尝试用文学语言表达自己热爱自然、珍爱生命的情感	
	儿童文学	"童年趣事"	阅读富有想象力和表现力的儿童文学作品，欣赏富有童趣的语言与形象，感受纯真美好的童心，学习用口头或者图文结合的方式创编儿童诗和有趣的故事，发展想象力	
第三学段	革命文化	"英雄赞歌"	阅读、欣赏革命领袖、革命先烈创作的文学作品，以及表现他们事迹的诗歌、小说、影视作品等，感受他们伟大的精神世界和人格力量，认识生命的价值；运用讲述、评析等方式，交流自己的情感体验	侧重考查学生对语言、形象、情感、主题的领悟程度和体验，评价学生对文学作品的欣赏水平，关注研讨、交流以及创意表达能力
	人与自然	"壮丽山河"	阅读表现人与自然的诗歌、散文等优秀文学作品，感受大自然的奇妙，体会人与自然和谐相处的意义；用口头或者书面的方式表达对自然的观察与体验，抒发自己的情感	
	人与社会	"爱与责任"	阅读表现人与社会的优秀文学作品，走进文学艺术世界，学习品味作品语言、欣赏艺术形象，复述印象深刻的故事情节，积累多样的情感体验，学习联想与想象，尝试富有创意的表达	
	儿童文学	"成长的脚印"	阅读反映少年成长的故事、小说、传记等，交流自己获得的启示；学习运用细节描写等文学表现手法，描述自己成长中的故事	

　　从表4-1-2可以看出本任务群包括文学阅读与创意表达两类学习内容，围绕不同主题阅读多样的文学作品，基于多种读写活动贯穿本学习任务群的始

终。学习内容与要求螺旋式发展，是阶段性、层次性与整体性的统一，主要体现在以下六个方面。

（一）注重文学作品的多样性，积累经验

本任务群涵盖新课标课程内容的主题与载体形式，不仅有中华优秀传统文化的作品，还有革命文化、社会主义先进文化的作品，占60%—70%。基于上述学习主题，每个学段都规定了基本的文学样式和阅读范畴。例如：

第一学段：要求阅读并学习讲述革命领袖、革命英雄、爱国志士的童年故事；诵读表现自然之美的短小诗文；学习儿歌、童话，阅读图画书。

第二学段：要求阅读并讲述革命故事、爱国故事、历史人物故事；阅读描绘大自然、表现人类美好情感的诗歌、散文等文学作品；阅读富有想象力和表现力的儿童文学作品。

第三学段：要求阅读、欣赏革命领袖、革命先烈创作的文学作品，以及表现他们事迹的诗歌、小说、影视作品等；阅读表现人与自然的诗歌、散文等优秀文学作品；阅读表现人与社会的优秀文学作品；阅读反映少年成长的故事、小说、传记等。

三个学段的阅读要求在突出"三种文化"的同时，凸显了文学阅读与日常作品，感受不同媒介的艺术魅力。三个学段的学习内容包含了多种文学样式，有助于学生在义务教育阶段尽早接触丰富的文学样式，拓宽文学阅读视野，积累优质语言材料。同时，通过语言品味获得丰富的情感体验，掌握语言文字运用的规律，习得阅读与表达的各种方法，积累阅读与表达的经验。

（二）注重阅读要求的层次性，螺旋式上升

本任务群在阅读要求方面安排富有层次性，随着学段的提高，文学阅读与创意表达的要求也在逐步递进，比如革命文学的阅读要求。

第一学段：阅读并学习讲述革命领袖、革命英雄、爱国志士的童年故事，表达敬仰之情和向他们学习的愿望。（关键词：阅读并学习讲述，属于起步阶段，要求是初步的）

第二学段：阅读并讲述革命故事、爱国故事、历史人物故事，感受幸福生活来之不易，表达自己对美好生活的向往，以及对革命英雄、仁人志士的崇敬之情。（关键词：阅读并讲述，这里的"讲述"已经属于基本习得水平，要求有所提升）

第三学段：阅读、欣赏革命领袖、革命先烈创作的文学作品，以及表现他们事迹的诗歌、小说、影视作品等，感受革命领袖、革命先烈伟大的精神世界和人格力量，认识生命的价值；运用讲述、评析等方式，交流自己的情感体验。（关键词：阅读、欣赏、讲述、评析，要求变为"阅读、欣赏""讲述、评析"，这就有了批判性思维的含量，属于高阶思维的要求）

（三）注重阅读表达的关联性，交织共进

本任务群包括文学阅读与创意表达两类学习内容，交织共进，围绕不同主题阅读多样的文学作品，基于多种媒介、多种形式的口语和书面创作、交流、研讨等读写活动贯穿本学习任务群的始终。比如，儿童文学的阅读与表达，从表4-1-2可以清晰地看到三个学段都设置了儿童文学这种文本类型和学习主题，具有关联性，呈现螺旋式上升的设计。如"童心天真""英雄的童年""童年的趣事""成长的脚印"等学习主题，篇幅越来越长，文体、媒介形式越来越多样。更为重要的是，阅读与表达要求越来越高，循序渐进地引领学生精神的成长、生命价值观的构建、表达方式的构建，学习任务进阶鲜明。

第一学段：学习儿歌、童话，阅读图画书，体会童真童趣，感受多姿多彩的生活，初步体验文学阅读的乐趣。（学习、阅读儿童文学，体会、感受、体验，都为儿童表达做好铺垫）

第二学段：阅读富有想象力和表现力的儿童文学作品，欣赏富有童趣的语言与形象，感受纯真美好的童心，学习用口头或者图文结合的方式创编儿童诗和有趣的故事，发展想象力。（阅读是输入、积累语言材料，有助于想象力的发展，这是创编儿童诗和有趣故事的关键能力；创编则是表达，加深其对作品的想象力和表现力的体认）

第三学段：学习运用细节描写等文学表现手法，描述自己成长中的故事。（同样阅读反映少年成长的故事、小说、传记等，是对语言、形象、情感、主题的领悟程度和体验，是一种内化的过程，而研讨、交流以及创意表达则是外显的能力）

（四）注重阅读表达的实践性，提升素养

本任务群在内容表述上具有很强的操作性，体现了语文是一门"综合性、实践性课程"的理念。学生由被动学习走向主动探究，通过"阅读""讲述""诵读""感知""欣赏""评析""复述""创编""表达"等语文实践活动，提升自己的语言表达能力、思维能力、审美能力，增强文化自信。

例如，第二学段要求学生尝试用文学语言表达情感；学习用口头或者图文结合的方式创编儿童诗和有趣的故事。第三学段要求学生运用讲述、评析等方式，交流自己的情感体验；用口头或者书面的方式表达对自然的观察与体验；复述印象深刻的故事情节，尝试富有创意的表达；学习运用细节描写等文学表现手法，描述自己成长中的故事。第四学段要求学生运用多种方式交流自己的阅读感受；借鉴优秀文学作品的写作手法，表达自己对自然的观察和思考，抒发自己的情感。

（五）注重个性体验的独特性，尊重生命

本学习任务群与高中语文课程标准中的"文学阅读与写作"不同，义务教育阶段在"文学阅读"的基础上，特别突出"创意表达"，倡导学生自主、创新地表达真情实感和个性体验，积极分享，乐于交流，养成热爱文学阅读、自主交流研讨的好习惯，珍视个性感受和体验，学习创造性地表达文学读写成果。

新课标根据学生的学习需求，在创意表达上，学习内容多次强调学生要"自己"：自己去体验、自己去尝试、交流自己的情感、表达自己的体验、描述自己的故事等，充分体现了创意表达的主体性特征，反映出对个体生命的尊重。

第一学段：侧重引导学生初步体验文学阅读的乐趣，在创意表达方面并未做出明确要求。

第二学段：要求学生结合自己的生活体验，尝试用文学语言表达自己热爱自然、珍爱生命的情感；学习用口头或者图文结合的方式创编儿童诗和有趣的故事。

第三学段：要求学生运用讲述、评析等方式，交流自己的情感体验；用口头或者书面的方式表达对自然的观察与体验，抒发自己的情感；学习联想与想象，尝试富有创意的表达；学习运用细节描写等文学表现手法，描述自己成长中的故事。

三个学段出现最多的关键词是"自己"，特别珍视学生在阅读过程中的生活体验和个性感受，侧重引导学生表达自己独特的观点，分享自己最喜欢的内容，体现了对文学阅读和表达规律的遵循，以及对学生作为文学阅读与表达主体的尊重。

（六）注重学业质量的进阶性，展示能力

本学习任务群三个学段的能力要求遵循了学生文学阅读和学习的规律，关注了小学低段、中段和高段的差异。三个学段力求呈现一定的梯度，展示学生文学阅读关键能力的发展进阶。

虽然新课标在学习内容中没有明确描述文学阅读关键能力，但梳理教学提示、学业质量标准，发现本学习任务群可以通过比较阅读的文学作品样式、表达和交流的内容与形式，以及鉴赏、评价要求等方面来感受这种进阶逻辑。例如，三个学段有关文学阅读的学习表现的学业质量标准和评价要点如下：

第一学段：喜欢阅读图画书、儿歌、童话、寓言等，在阅读过程中能根据提示提取文本的显性信息，通过关键词句说出事物的特点，做简单推测；关注阅读兴趣，通过朗读和想象等，侧重考查学生对作品情境、节奏和韵味的大体感受。

第二学段：喜爱阅读童话、寓言、神话等，在阅读过程中能提取主要信息，借助阅读经验和生活经验预测情节发展；在阅读全文基础上，侧重考查学生对重要段落和语句的理解，以及对作品的语言和形象的具体感受。

第三学段：独立阅读散文、小说、诗歌等文学作品，在阅读过程中能获取主要内容，用朗读、复述等自己擅长的方式呈现对作品内容的理解。侧重考查学生品味语言，体验情感，领悟表达及创意表达。

本学习任务群的内容和要求与学业质量标准保持高度一致，二者之间紧密呼应，保证了学生文学阅读关键能力培养有抓手、评价有依据。

第二节　实施建议

新课标在本学习任务群"教学提示"部分提出了比较具体的教学建议，在"课程实施"部分提出了每个学习任务群教学都应该遵循的"教学要求"，教师需要认真研读，了解本学习任务群的育人价值、内容要求，根据学生特点，用好统编教材，整合教学资源，有序开展阅读与表达的教学活动。

一、创设阅读情境，有序开展阅读与表达活动

（一）基于学情，创设有趣性阅读情境

文学阅读重在从语言、形象、情感等方面感受文学性作品的独特韵味和思想内涵；创意表达重在鼓励学生运用多种形式在口头交流和书面创作中将作品呈现出来。让学生初步体验文学阅读的乐趣，是第一学段的主要目标。但第一学段学生的生活阅历和知识积累都非常有限，因此，创设富有情趣的阅读情境，引导学生沉浸在阅读情境和作品描绘的情景中是十分必要的。

本学习任务群"教学提示"第一学段阅读情境，根据学生特点和需求，按照"多彩世界—童心天真—春夏秋冬—英雄的童年"顺序进行编排，帮助教师有序开展阅读与表达活动。这样既遵循了第一学段学生对动态事物的观察先于静态事物、对自然的兴趣先于人和社会、对自身的了解先于他人、对当下的关注先于过去的特点，又由动到静、由己及人、由近至远、由浅入深，循序渐进。

（二）依托主题，创设多样性阅读情境

本学习任务群的"教学提示一"中提出："可以根据学段学习要求，围绕多样的学习主题创设阅读情境。比如，第一学段'春夏秋冬''多彩世界''童心天真''英雄的童年'，第二学段'饮水思源''珍爱自然''童年趣事'，第三学段'英雄赞歌''壮丽山河''爱与责任''成长的脚

印'，第四学段'光辉历程''精忠报国''社会万花筒''人与自然和谐共生'，等等。在主题情境中，开展文学阅读和创意表达活动，引导学生感受文学之美、表达自己的独特感受，促进学生的精神成长。"

除了"教学提示一"举例的这些学习主题，教师可以根据教学需要，和学生一起商议学习主题，围绕主题开展故事会、展览会、辩论赛、文学作品展、影视欣赏会、读书交流会、学习成果展示等多样的学习活动。通过多样的学习主题和实践活动，创设文学体验与文化参与情境、日常生活情境，以及跨学科学习情境，激发学生文学阅读与创意表达的积极性。

（三）激活生活，创设融入性阅读情境

兴趣是最好的老师，生活是兴趣的源头。本学习任务群的教学，要链接生活，努力让学生置身于真实的生活情境中，将学习任务与学生的生活实际紧密结合在一起。教师要引导学生走进生活，用心去观察生活细节，在生活中寻找学生感兴趣的主题、话题、议题和专题，通过丰富多彩的生活资源，激活学生生活体验，融入阅读情境，助力学生生活语言运用能力的发展与提升。

如五年级上册第一单元习作主题是"我的心爱之物"。创设了"记录心爱之物展示会"任务情境，通过聊心爱之物、赏心爱之处、写心爱之物、展心爱之物四个实践活动，通过聊一聊，激活学生的生活体验，快速进入学习情境，回忆本单元学习到的"通过描绘外形、来历、相处等方法，表达情感"的方法，有助于学生发挥创意，自由表达。

二、整合学习活动，整体规划推进

新课标在本学习任务群"教学提示二"中指出："注意整合听说读写，引导学生综合运用朗读、默读、诵读、复述、评述等方法学习作品。"

为落实好"教学提示二"的教学要求，关键是要整合学习资源，整合听说读写，进行单元整体规划，使各种学习要素形成一个紧密交融的整体，设计富有关联性、整体性、层次性的学习活动，使学生经历从关注语言到关注形象、从体会情感到体会意蕴、从主动吸纳到主动输出的学习过程。

依然以五年级上册第一单元为例，围绕"探寻'心爱之物'表达秘密，举办心爱之物展览会"这一主题情境，可安排五个有关联、有层递性的任务。首先，明确单元主题任务，聊聊"心爱之物"。其次，引导学生阅读大作家的四篇散文，紧扣本单元"初步了解课文借助具体事物抒发感情的方法"和"写一种事物，表达自己的感情"两大语文要素，潜心课文，探寻大作家的心爱之物，掌握大作家的表达密钥。最后，引导学生创意表达自己的心爱之物，举办心爱之物展示会，拓展延伸。具体单元结构，见图4-2-1。

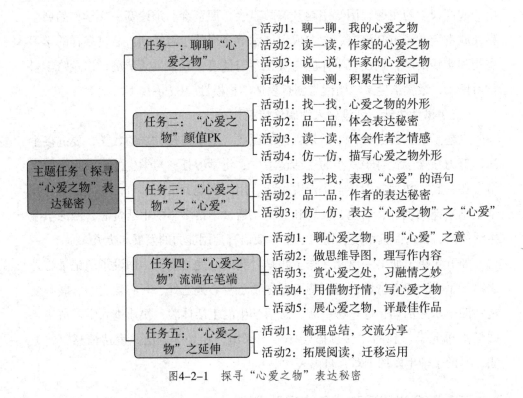

图4-2-1　探寻"心爱之物"表达秘密

从图4-2-1可看出，在主题情境的统领下，学生从自己的生活经历出发，通过对名家作品的阅读鉴赏，形成经验，而后回归生活，学以致用，实现由习得到运用的能力跃迁。

三、注重方法指导，培养问题解决能力

新课标在本学习任务群"教学提示二"中指出："重视古代诗文的诵读积累，感受文学作品语言、形象、情感等方面的独特魅力和思想内涵，提升审美能力和审美品位；鼓励学生在口头交流和书面创作中，运用多样的形式呈现作品，发挥自己的创造性；引导学生成长为主动的阅读者、积极的分享者和有创意的表达者。"

这条提示明确了：教师在开展文学读写活动的过程中，既要重视听说读写的整合又要重视文学阅读方法的指导。除了默读、略读、精读、速读、浏览等一般的阅读方法之外，教师更要关注文学阅读独特的方法指导，如朗读、诵读、品味、鉴赏等，尤其要重视优秀古诗文的积累，重视引导学生通过语言品味，初步把握文学作品的语言风格；在阅读、研讨中感知作品塑造的艺术形象，以及作者表达的情感主题，持续提升审美能力，从中获得对自我、他人、社会、人生的认知和启示。同时，还要鼓励学生通过口头交流、书面创作等方式，融入现代媒介和手段，图文并茂地表达文学阅读感受，呈现文学读写成果，如原创诗歌和小小说、文艺短评、视频作品等，培养学生的文学阅读鉴赏、评价和表现能力。

四、关注学习表现，开展多元评价

新课标在本学习任务群"教学提示三"中指出："评价应围绕学生阅读文学作品的过程性表现进行。第一学段关注阅读兴趣，通过朗读和想象等，侧重考查学生对作品情境、节奏和韵味的大体感受；第二学段在阅读全文基础上，侧重考查学生对重要段落和语句的理解，以及对作品的语言和形象的具体感受；第三、第四学段，侧重考查学生对语言、形象、情感、主题的领悟程度和体验，评价学生文学作品的欣赏水平，关注研讨、交流以及创意表达能力。"

这条"教学提示三"明确指出：评价应围绕学生阅读文学作品的过程性表现进行。所谓过程性表现，就是学生在学习的整个过程中，通过真实的任务情境所体现出来的文化自信状态、语言运用水平、思维能力程度、审美创造品位。相对于结果性表现，过程性表现更加关注评价主体的差异性、评价方式的动态性、评价内容的多元性和评价过程的情境性。这就意味着教师必须由关注学习的结果转为关注学习的过程，关注学生的学习状态和参与程度。教师需要将过程性评价嵌入学习任务群的教学过程中，以评促教，以评促学，构建良好的"教—学—评"一体化的课堂生态。

如围绕"难忘的小学生活"纪念册，需要从选材的典型性、组材的丰富性、语言的生动性以及作品呈现形式的多样性等方面设计评价表，多角度评价学生的任务完成情况。为此，在教学过程中，教师要依托教材提供的文学作品，引导学生运用批注这一阅读方法，抓住关键词语，发现和欣赏作品的精妙,从而丰富自己的经验,为完成创意表达奠定基础。

文学阅读具有鲜明的个性特征,学业评价应该注重考查学生阅读过程中的真实感受和独特体验。新课标在对接学业质量标准的基础上,对每个学段的评价侧重点进行了归纳,突出了学段差异。

从学习个体差异来看,文学阅读本身就是个性化的行为,创意表达的个性化则更为鲜明。教师在设计评价指标和评价方式的时候,应巧用评价工具,设计多元化的评价维度,呵护学生独特的阅读体验和个性化的表达,重视学生对美的体验和追求。

此外,还要注意引导学生进行自我反思性评价,为学生提供可理解、可操作的文学阅读活动记录表、阅读反思单等评价工具,引导学生开展自评和互评,促进学生在自我反思中不断成长。

综上所述,"文学阅读与创意表达"学习任务群在核心素养培育方面有着独特的价值。教师必须遵循新课标理念,充分挖掘课内外文学阅读资源,整合教学资源,精心创设真实的情境和开放的任务,整体构建,引导学生在丰富的语文实践活动中积累审美经验,进行审美创造。

第三节　实施案例

❖ 案例1：探寻大自然变化的奥秘 ❖

——二年级上册第一单元整体教学设计

【学习内容】

1. 课内学习资源：《小蝌蚪找妈妈》、《我是什么》、《植物妈妈有办法》、"口语交际：有趣的动物"、"语文园地一"、"快乐读书吧"。

2. 课外学习资源：童话故事书《小鲤鱼跳龙门》《一只想飞的猫》《孤独的小螃蟹》《小狗的小房子》《"歪脑袋"木头桩》。

【学习目标】

（一）知识目标

1. 识记本单元必写必会生字、词句等基础知识要点，重点掌握左右结构汉字书写的规律。

2. 积累表示动作的词语。

3. 能正确、流利地朗读课文，分角色朗读《小蝌蚪找妈妈》，背诵《植物妈妈有办法》。

4. 观察图片或圈画关键词，了解小蝌蚪的成长变化过程，水在不同环境下的形态变化，植物传播种子的方法。

（二）能力目标

1. 通过圈画关键词，探究文中事物在发展变化中的不同特点。

2. 按顺序排列图片，借助图片说清楚小蝌蚪成长变化过程、水在不同环境下的形态变化以及植物传播种子的方法。

3. 借助资料，从不同时空了解事物的不同形态，探索其他事物的变化规律。

4. 联系生活经验，试着清楚地介绍一种小动物的特点，讲出它的有趣之处。

（三）素养目标

1. 通过阅读整本书《小鲤鱼跳龙门》，产生阅读的兴趣，感受课外阅读的快乐。

2. 产生热爱大自然的情感和探索大自然中科学奥秘的兴趣。

【任务情境】

亲爱的小朋友们，欢迎来到自然王国。你瞧，大自然的"小百科代言人"评选活动就要开始啦！让我们一起完成闯关任务，只要集齐以下4张"自然能量卡"，你就能破解大自然变化的奥秘，成为真正的"小百科代言人"，参加大自然王国举行的百科知识发布会哦。大家准备好了吗？一起出发吧！

为了成为一名优秀"小百科代言人"，请小朋友们做好如下学习准备：

1. 积极阅读第一单元课文，自主识字。

2. 准备好童话故事书《小鲤鱼跳龙门》《一只想飞的猫》《孤独的小螃蟹》《小狗的小房子》《"歪脑袋"木头桩》，阅读《小鲤鱼跳龙门》。

3. 走进大自然，观察小蝌蚪、小青蛙、蒲公英等动植物，还可以通过观看电视了解大自然的秘密。

【学习规划】

"探寻大自然变化的奥秘"的学习规划，见表4-3-1。

表4-3-1 "探寻大自然变化的奥秘"学习规划

生活情境	主题	任务	材料组合	学习活动安排	课时	对应目标与要素
探寻大自然变化的奥秘，争当小百科代言人	探寻大自然变化的奥秘	（一）做好准备出发	《小蝌蚪找妈妈》+《我是什么》+《植物妈妈有办法》+"识字加油站"	1.挑战邀约，发布学习任务。 2.识字加油站，做好探秘准备。 3.阅读课文，完成单元导读单	1课时	1.积累并运用表示动作的词语。 2.借助图片，了解课文内容。 3.产生热爱大自然的情感和探索大自然的科学奥秘的兴趣
		（二）和动物做朋友	《小蝌蚪找妈妈》+"口语交际：有趣的动物"	1.聚焦变化，说清变化。 2.角色朗读，积累动词。 3.运用动词，讲好故事。 4.观察动物，趣说动物	3课时	
		（三）跟着种子去旅行	《植物妈妈有办法》	1.读中识字，整体感知。 2.认识植物，揭秘旅行。 3.拓展资料，探寻奥秘	2课时	
		（四）观察有趣的自然现象	《我是什么》+《企鹅寄冰》	1.创设情境，猜谜激趣。 2.初读课文，归类识字。 3.研读课文，探究水"魔法"。 4.拓展阅读，感受水"魔法"	2课时	
		（五）大自然梳理与探究	"语文园地一"	1.字词梳理，认读字词。 2.观察写法，临摹书写。 3.理解动词，感受运用。 4.读读背背，日积月累	2课时	梳理基础知识，积累古诗，书写汉字

【学习过程】

（一）做好准备出发

本任务以"发布单元任务，做小百科提问家"这一任务情境为载体，明确本单元学习任务，自主识字，读通课文，提出问题，完成单元导读单。

1. 挑战邀约，发布学习任务

（1）同学们，大自然就像一本百科全书，里面有无穷无尽的知识和奥秘。今天，我们就一起走进大自然王国，开展一次奇妙的大自然之旅，去探寻大自然变化的奥秘，争当小百科代言人，如图4-3-1所示。

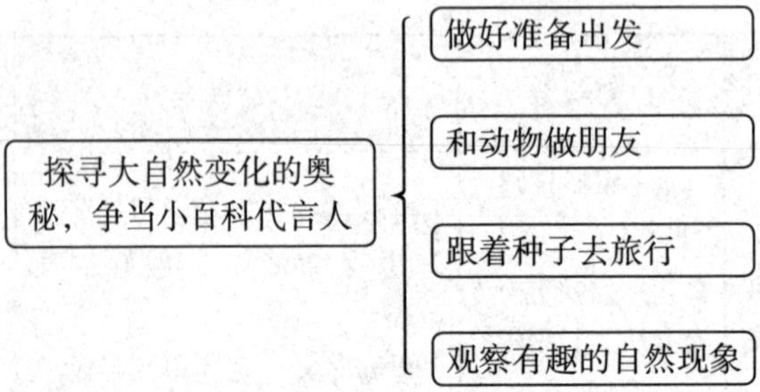

图4-3-1 探寻大自然变化的奥秘，争当小百科代言人

（2）出示：单元主题和4大学习任务，希望同学们积极参与，每挑战完成一项学习任务，即可获得一张"大自然邀请卡"，集齐4张卡就可以成为"小百科代言人"，参加大自然王国举行的百科知识发布会哦。

2. 识字加油站，做好探秘准备

（1）我们要去探索大自然的奥秘，你会准备些什么呢？

（2）学生交流后，出示语文园地里的"识字加油站"，多种方式认读词语。

3. 阅读课文，完成单元导读单

（1）朗读课文，遇到不认识的字就圈起来，完成单元导读单。

第一关：字词关

①我会读：本单元要求认读的生字。

②我会写：本单元要求会写的生字。

第二关：课文关

①说说你读了3篇课文后，知道课文写了大自然哪些事物或现象呢？

②说说你很想知道什么，或者提出自己不懂的问题。

（2）以游戏闯关，争做小小提问员，赢取"大自然邀请卡"的方式，检查完成单元导读单情况。

（二）和动物做朋友

本任务以"和动物做朋友，做小百科故事家"这一任务情境为载体，第二、三课时学习《小蝌蚪找妈妈》，探究小蝌蚪成长变化的过程，借助图片说清楚蝌蚪成长规律。第四课时学习口语交际，聊聊有趣的动物，激发学生观察动物的积极性，阅读动物科普童话书，发现更多动物的奥秘。

《小蝌蚪找妈妈》

1. 激趣导入，板书课题

（1）同学们，今天我们来到大自然王国的第一站——小池塘，去看看我们的好朋友——小蝌蚪。不过，它们遇到了一个大难题，想请我们帮忙，一起解开一个大自然小动物的秘密，你们愿意吗？

（2）出示蝌蚪图片，播放音频："大家好，我们是小蝌蚪，很高兴认识你们。我们从来没有见过妈妈，也不知道我们的妈妈长什么样子，你们能帮助我们找到妈妈吗？"

（3）我们怎样才能够帮助小蝌蚪找到妈妈呢？

（4）学生交流会，板书课题。

2. 检测生字，整体感知

（1）自读课文，读准字音，读通句子。标出自然段。

（2）自读检测：读好轻声词—读准多音字—读记几组词语—积累带数量词的短语—积累带"的"的短语。

（3）自主观察，书写汉字：重点指导"肚""孩""跳"。

（4）说说课文讲了一个什么样的故事？

3. 聚焦变化，说清变化

（1）关注外貌特征，积累运用动词。

为了帮助小蝌蚪更快地找到妈妈，我们一起来读课文，寻找它们的外貌特征，制作一份《寻人启事》。

① 自读要求：画出描写小蝌蚪和青蛙样子的句子。

② 学习单。

寻人启事

　　我们是小蝌蚪，正在找妈妈。我们住在＿＿＿＿＿，我们长着＿＿＿＿＿的脑袋，＿＿＿＿＿的身子，＿＿＿＿＿的尾巴，喜欢＿＿＿＿＿游来游去。

　　我们的妈妈青蛙＿＿＿＿＿的衣裳，＿＿＿＿＿的肚皮，大眼睛。

　　如果你见到了我们的妈妈，请快快联系我们吧！

小蝌蚪

（2）借助课后图片，揭示成长规律。

小蝌蚪变青蛙的过程：长后腿→长前腿→尾巴变短→尾巴不见了。

（3）对照图片，借助句式"小蝌蚪游哇游，过了几天……"，学生扮演小蝌蚪，汇报成长过程，全班点评，体会成长的不易。

（4）知识补充，初步了解动物变态。

4. 角色朗读，积累动词

（1）在这趟寻找妈妈的旅程中，小蝌蚪还获得了哪些朋友的帮助？它们是怎么打听的？获得了关于妈妈的哪些线索？用笔在书上画出来。

（2）借助图片，朗读对话，理解"迎上去"等动词。

（3）积累运用动词，并完成课后题3。

5. 运用动词，讲好故事

（1）小蝌蚪在大家的帮助下，终于找到了妈妈。在这个过程中，它们自己渐渐地长大了，身体也发生了很大的变化，实在是太奇妙了。请同学们借助板书、插图、连环画等信息，运用积累的词语，讲一讲小蝌蚪找妈妈的故事，争当小百科故事家。

（2）小组分角色演讲故事。

（3）小组代表上台展示，评选小百科故事家，评价卡见表4-3-2。

表4-3-2　小百科故事家评价卡

评价要点	点赞指数
能讲清楚小蝌蚪变成青蛙的过程	👍
能讲清楚小蝌蚪找妈妈这件事	👍
能用上这些动词"甩、迎、追、披、露、鼓、蹬、跳、蹦"	👍

6. 课后探究，拓展延伸

（1）感受探究精神：文中出现的小动物，你最喜欢谁？为什么？

（2）课后自主探究：

①查找资料，了解蝌蚪和青蛙的生活习性，初步感受生物的变态发育。

②完成课后题2，把故事讲给家人听。

口语交际：有趣的动物

1. 情境创设，激趣导入

（1）大自然中藏着各种各样的秘密！蝌蚪能变成青蛙，萤火虫能发出亮光……真有趣，真神奇！今天，我们继续走进大自然王国，听说森林里动物们正在举行"有趣的动物"选拔大会，我们也赶快去看看动物朋友，聊聊它们有趣的地方。在"有趣的动物"大聚会中，看谁能把自己喜欢的小动物到底怎么有趣说清楚。

（2）板书课题：有趣的动物。

（3）来到大森林，我们可能会遇到哪些"有趣"的动物？

2. 观察示范，说得有条理

（1）仔细观察，说说它们的"有趣"在哪里呢？

（2）出示小白兔和小猫的图片，仔细观察，然后选择自己喜欢的一种动物，说说动物的有趣。

我喜欢的是＿＿＿＿＿＿＿＿＿，它最有趣的地方是＿＿＿＿＿＿＿＿＿。

（3）有条理地来介绍动物的有趣之处。

> 大家好，我要介绍的是×××动物。
> 它的外形＿＿＿＿＿＿＿＿＿＿＿＿＿＿＿＿＿＿＿＿＿＿＿＿＿＿＿。
> 它的生活习性＿＿＿＿＿＿＿＿＿＿＿＿＿＿＿＿＿＿＿＿＿＿＿＿。
> 它的特色本领＿＿＿＿＿＿＿＿＿＿＿＿＿＿＿＿＿＿＿＿＿＿＿＿。
> 我的介绍完毕，谢谢大家！

3. 创设情境，说得有兴趣

森林王国"有趣的动物"选拔大会开始啦。学生戴上自己课前制作的魔法帽，变成自己喜欢的动物，老师也变成了老虎大王。

（1）老师示范介绍有趣的动物。

我是老虎大王，我来讲，动物们认真倾听，不明白的地方及时提问，其他动物对老虎大王和提问的动物做出合理的评价。

（2）小组内介绍有趣的动物，按评价标准进行互评，评选出最"有趣的动物"代表上台介绍。评价表见表4-3-3。

表4-3-3　"有趣的动物"选拔大会评价表

我会讲（共得_____赞）	我会评（共得_____赞）
吐字清，音量中 👍	先倾听，再发问 👍
抓特点，有条理 👍	请在前，谢在后 👍
有表情，带动作 👍	先肯定，再补充 👍

4. 拓展延伸，乐读趣写

（1）想来参加"有趣的动物"选拔大会的小动物太多了，你能为你最喜欢的小动物设计一张自荐卡吗？可以在推荐理由里写清楚它的有趣之处，也可以为它配上帅气的自画像。

（2）喜欢阅读的同学，可以阅读关于动物的经典科普童话书，例如，《小鲤鱼跳龙门》《孤独的小螃蟹》等，认识更多有趣的动物，探索动物更多的奥秘。

（三）跟着种子去旅行

本任务以"跟着种子去旅行，做小百科历险家"这一任务情境为载体，第五、六课时学习《植物妈妈有办法》，探究植物传播种子的办法，激发学生观察植物，了解植物的奥秘的兴趣。

1. 创设情境，激发兴趣

同学们，你们喜欢旅行吗？你们是怎样旅行的？你知道吗，自然界里有许许多多的植物也很喜欢旅行，它们没有手和脚，是怎么去旅行的呢？今天，老师就和同学们一起走进大自然，学习《植物妈妈有办法》，揭开植物旅行的奥秘。

2. 读中识字，整体感知

（1）文中都写了哪些植物妈妈？她们分别是用什么方法送孩子去旅行的呢？

（2）自由读课文，圈出诗歌写了哪几种植物，画出不认识的字，再借助拼音多读几遍。

（3）趣味识字，巩固识字。

（4）书写生字，写一手好字，重点分类指导书写：知、识、娃、她、如。

（5）教师范读，学生思考：课文讲了哪几种植物妈妈传播种子的方法？

3. 认识植物，揭秘旅行

（1）孩子们已经长大，要告别妈妈四海为家。出示课本插图，猜一猜是谁的娃娃？

（2）自由读第2—4小节，思考：蒲公英妈妈、苍耳妈妈、豌豆妈妈分别是怎样帮助自己的孩子旅行的？用"○"圈出植物的名称，找出植物旅行的方法，用"△"标出传播方法的动词，用"＿＿＿＿＿＿"画出种子在哪里安家。

（3）学生汇报，教师相机教学，学生报告表见表4-3-4。

表4-3-4　植物旅行报告

植物名称	植物怎么传播种子（填写动词）	种子到哪里安家

（4）借助植物旅行报告和板书上的贴图，尝试性地背诵课文。

4. 拓展资料，探寻奥秘

（1）小小种子：八仙过海来传播。

你还知道哪些植物传播种子的方法呢？小组合作，一起去搜集相关资料，完成小种子的旅行手账吧。

（2）小小诗人：惟妙惟肖模仿秀。

做一回小诗人，仿照课文的句式来写一写。

（3）小小记录者：读写结合探奥秘。

①阅读关于种子的书籍。比如，《一粒种子的旅行》。

②课后继续观察种子的旅行，丰富自己的观察手账。

（四）观察有趣的自然现象

本任务以"观察有趣的自然现象，做小百科魔法家"这一任务情境为载体，第七、八课时学习《我是什么》和《企鹅寄冰》，探究水的发展变化，激发学生观察自然现象，探究大自然奥秘的兴趣。

1. 创设情境，猜谜激趣

猜猜这是什么有趣的自然现象？大自然是一位神奇的魔法师，让我们一起走进大自然，观察有趣的自然现象，做小百科魔法家。

2. 初读课文，归类识字

（1）读准字音，读通句子，不认识的生字，借助拼音多读几次。

（2）说说"我是什么"？

（3）游戏识字。

（4）归类识字：观察"滴""溪""海""洋"这四个字有什么共同点？课文中还有哪些带有"三点水"的字呢？拓展识记"泡、饱、跑、抱、袍、雹"等字。

（5）认读词语宝宝：灌溉田地，发动机器，淹没庄稼，冲毁房屋。

3. 研读课文，探究水"魔法"

（1）学习第1、2自然段，认识水的形态。

①读了课文，我又会变成些什么呢？填一填。

---

①雪 　②冰雹báo 　③雨 　④汽 　⑤云 　⑥水

我会变。太阳一晒，我就变成"＿＿＿＿"。升到天空，我又变成无数小点儿，连成一片，人们叫我"＿＿＿＿"。我在空中越升越高，体温越来越低，变成小水滴落下来，人们叫我"＿＿＿＿"。有时候我变成小硬球打下来，人们就叫我"＿＿＿＿"。到了冬天，我变成小花朵飘下来，人们又叫我"＿＿＿＿"。

---

②水是怎么变化的呢？小组合作把下面的思维导图补充完整。

③聚焦动词，感受"水"的不同变化。

A.读一读：读出不同。

小水滴聚在一起落下来，人们叫我"雨"。（读出雨的自由自在）

有时候我变成小硬球打下来，人们就叫我"冰雹"。（读出冰雹的力量大）

到了冬天，我变成小花朵飘下来，人们又叫我"雪"。（语气轻柔）

B.换一换：互换动词，感受不同。

④根据图片，拓展知识面，完成说话训练。

凉爽的清晨，我在花瓣上滚来滚去，人们叫我"＿＿＿＿"。

（2）学习第3自然段，了解水的活动。

①齐读第3自然段，思考：水有哪些活动？

②借助图片理解水的活动："睡觉、散步、奔跑、跳舞、唱歌、开大会"

等词的意思。

③模仿句式写话：在（　　　）干（　　　）。

（3）学习第4自然段，探寻水的性格。

（4）写好训练：学习用"有时候……有时候……"的句式说话。

4. 拓展阅读，感受水"魔法"

（1）阅读"语文园地一"中的"我爱阅读"栏目之《企鹅寄冰》一文，利用"水"的三态变化原理，向狮子或企鹅解释包裹变化的原因。

（2）小组合作，继续探究水的奥秘，一起为"水精灵"制作一份成长档案袋，保护水资源，让水资源为人类造福！

（五）大自然梳理与探究本

本任务以"大自然梳理与探究本，做小百科记录家"这一任务情境为载体，第九课时学习语文园地，梳理基础知识，背诵古诗，养成主动梳理的习惯，探究水的发展变化，激发学生观察自然现象，探究大自然奥秘的兴趣。

1. 字词梳理，认读字词

（1）读准字音，归类识字。

（2）联系生活，认读字词（"识字加油站"词语）。

（3）通过创设的情境，引导学生选择部分词语练习说话，巩固识字。

2. 观察写法，临摹书写

（1）了解左右结构的字的宽窄规律，练习写好"作、法、都、别"四个左右结构的字。

（2）学生书写。

3. 理解动词，感受运用

（1）读一读，演一演，说一说。

披着碧绿的衣裳　鼓着大大的眼睛　露着雪白的肚皮　甩着长长的尾巴

灌溉田地　发动机器　淹没庄稼　冲毁房屋　乘着风　蹦着跳着

纷纷出发　炸开

（2）读一读，品一品，演一演，拓一拓。

迎上去　追上去　穿衣裳　披红袍　甩甩头　摇摇头

拓展运用：

①按照速度由慢到快的顺序排列下面的词语，说出你的想法。

冲过来　跑过来　奔过来　过来

滴下来　打下来　落下来　飘下来

② 看老师做动作，选合适的词语，说出你的想法。

（3）读一读，用加点的词语说说你的日常生活。

我的脾气可怪了，有时候我很温和，有时候我却很暴躁。

平常我在池子里睡觉，在小溪里散步，在江河里奔跑，在海洋里跳舞、唱歌、开大会。

4. 读读背背，日积月累

（1）借助拼音正确朗读王安石的《梅花》。

（2）教师示范读、配乐读，指导学生读出节奏。

（3）利用插图，大致了解古诗意思。

（4）思考：为什么远望就知道洁白的梅花不是雪呢?

（5）熟读成诵。

（本案例由东莞市大朗镇中心小学李凤菊设计）

❖ 案例2：举办童年时光展，献礼十岁成长礼 ❖

——四年级上册第五单元整体教学设计

【学习内容】

1. 课内学习资源：《麻雀》、《爬天都峰》、《我家的杏熟了》、《小木船》、"交流平台"、"初试身手"、"习作例文"、"习作：生活万花筒"。

2. 课外学习资源：《城南旧事》。

【学习目标】

（一）知识目标

1. 识记本单元必写必会生字、词语等基础知识要点。

2. 能够按一定的顺序把事情写清楚。

3. 可以把看到的、听到的、想到的写下来，清楚展现事情发展过程中的重要内容。

（二）能力目标

1. 阅读体验、梳理总结把事情写清楚的方法，领会作者把思路表达清楚的方法。

2. 学会运用学过的方法把自己看到的、经历过的事情写清楚，有自己的思路，能够表达自己的情感。

3. 乐于与同学交流习作，按习作要求和同学的建议修改习作。

（三）素养目标

1. 热爱生活，观察生活，从生活中发现美，从生活中受到启迪。

2. 将自己的体验和感受付诸文字表达。

【任务情境】

亲爱的同学们，学校打算在劳动节后为四年级学生举行一次"童年时光展，献礼十岁成长礼"的活动。我们班将结合学校活动，为同学们第五单元语文学习成果提供展示的机会和平台，班级将举行"童年生活万花筒"征文比赛和"十岁成长礼"活动，让美好的童年定格。同学们，赶快行动起来吧。

为了确保让本次活动顺利开展，请同学们做好如下学习准备：

1. 积极阅读课文，观察生活，积累材料。

2. 体验童年成长中的快乐或遗憾，体验父母无私的爱，体验世间的美好，在完成任务的过程中学会"如何把一件事写清楚"。

3. 用文笔、音乐、影视、画作、讲述等方式记录和展现自己的美好童年时光。

【学习规划】

"举办童年时光展，献礼十岁成长礼"的学习计划，见表4-3-5。

表4-3-5 "举办童年时光展，献礼十岁成长礼"学习计划

生活情境	主题	任务	材料组合	学习活动	课时安排	对应目标与要素
举办童年时光展，献礼十岁成长礼	我手写我心，彩笔绘生活	（一）探寻名家故事密码	《麻雀》+《爬天都峰》+"交流平台"+"初试身手"	1.识字学词，读通课文，了解课文主要内容。 2.了解并按顺序把事情写清楚。 3.学习运用细节描写把事情写清楚。 4.用思维导图的方式，尝试按一定顺序写清楚一件事	3课时	学习作者是怎样把一件事情写清楚的
		（二）品味伙伴笔下生活	《我家的杏熟了》+《小木船》	1.把起因、经过、结果梳理清楚。 2.如何把分杏的过程写清楚。 3.探究只用一句话交代过程是否清楚	1课时	根据所学方法，尝试把一件事情写清楚
		（三）描绘童年美好生活	"习作：生活万花筒"	1.观察生活，积累材料。 2.梳理事情的起因经过结果。 3.把经过部分的内容写清楚。 4.主动修改完善习作	2课时	定格童年美好时光
		（四）定格童年美好时光	学生作品	1.在班级或学校展示"我的童年时光"。 2.策划、参与"十岁成长礼"	1课时	用文笔、画作、讲述等方式记录和展现美好童年时光

【学习过程】

（一）探寻名家故事密码

本任务以"探寻名家故事密码"这一任务情境为载体，整合了三项语文实践活动，明确本单元学习任务，读通课文，了解课文主要内容，学习作者是如何按照一定的顺序把一件事情写清楚的。

走进名家故事

——《麻雀》+《爬天都峰》+"交流平台"

1. 阅读导语页，激发学习期待

（略）

2. 创设情境，明确主题任务

（1）童年是美好的，学校打算在劳动节后为四年级学生举行一次"童年时光展，献礼十岁成长礼"的活动。我们班将结合第五单元语文学习，为同学们提供展示的机会和平台，让美好的童年定格。

（2）发布第五单元学习任务，如图4-3-2所示。

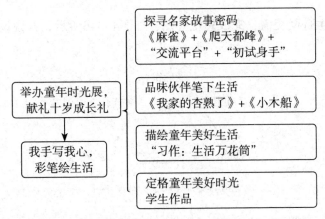

图4-3-2　"举办童年时光展，献礼十岁成长礼"学习任务

3. 自读课文，走进名家故事

（1）自由读课文，读准字音，读通课文。

（2）想想两篇课文和两篇例文主要写了一件什么事。

4. 认字学词，积累语言文字

（1）读准12个生字，会写22个生字。重点指导"搏、链、颤、辫"。

（2）积累多音字"相"。

（3）积累一组词语（词语表16、17课词语）。

（4）借助词语说说课文的主要内容。

明·按序写事条理清

——《麻雀》+《爬天都峰》+"交流平台"

1. 谈话导入，初识麻雀

（1）三年级的时候我们在习作单元认识了一只搭船的鸟。今天我们在习作单元来认识另外一只鸟——麻雀。

（2）你见过的麻雀是一种怎样的鸟儿？

（3）娇小、胆小的麻雀却有让人敬畏的一面，今天我们就要去认识俄国作家屠格涅夫笔下那只不同寻常的麻雀。

2. 借思维导图，厘清顺序

（1）阅读《麻雀》，思考：文中的主要角色是哪几个？它们之间发生了什么事？

（2）学生自读交流，完成思维导图，如图4-3-3所示，并说说它们之间发生了什么事。

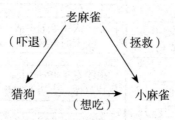

图4-3-3　《麻雀》思维导图

（3）结合示意图，用自己的话来说说主要内容。

（4）思考：如果把三个板块的内容交换顺序，你觉得合适吗？理由是什么？

猎狗想吃小麻雀→老麻雀拯救小麻雀→老麻雀吓退猎狗

老麻雀想吃猎狗→猎狗想吃小麻雀→老麻雀拯救小麻雀

（5）小结：我们阅读这样的文章，可以先弄清楚是谁和谁之间发生的事，然后梳理出事情的起因、经过和结果，再把这些内容连起来，就可以把握文章的主要内容。写一件事情，就要像作者这样，把事情的起因、经过、结果讲清楚——这就是"言之有序"，如图4-3-4所示。

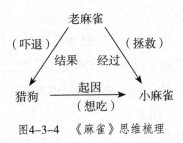

图4-3-4 《麻雀》思维梳理

3. 聚焦"经过"，发现用意

（1）默读第4、5自然段，思考：作者是怎样描写"老麻雀拯救小麻雀"的？用横线画出相关句子。并说说你感受到这是一只怎样的老麻雀？

（2）同桌交流讨论：作者为什么不重点写起因和结果，而把重点放在了"老麻雀拯救小麻雀"这一部分？

（3）小结：我们在写一件事时，要把事情的经过写详细、写清楚，这样才能更好地让读者理解文章主旨。

4. 比较阅读，了解"不同"

（1）《麻雀》一文按照事情的起因、经过、结果把一件事写清楚，并详写"经过"部分。那么，《爬天都峰》一文，围绕"爬"，又是按照什么顺序把事情写清楚的？详写的又是哪个部分？课文中有些句子提示了写作顺序，请用横线在文中画出。

根据示意图，如图4-3-5所示，请你说说课文写了一件什么事？

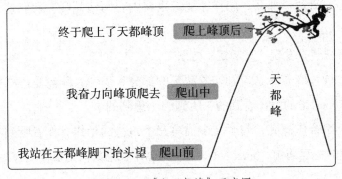

图4-3-5 《爬天都峰》示意图

（2）交流、汇报，小结方法：《爬天都峰》一文按照"爬山前""爬山中""爬上峰顶后"的顺序，把爬天都峰的起因、经过、结果写清楚，并侧重写爬山前和爬上峰顶后的人物对话，能更好地突显主题，表达作者的思想感情。

5. 交流平台，总结方法

（1）出示交流平台，怎样才能把一件事写清楚呢？

（2）交流，小结：要把一件事情写清楚，需要按照一定顺序来写。可以按照"起因""经过""结果"的事情发展顺序来写，也可以按照"事前""事中""事后"的时间先后顺序来写。

6. 初试身手，梳理事件

（1）出示"初试身手"：观察"运动会"和"过生日"图片，模仿板书，梳理"跑步比赛"或"过生日"的写作顺序。

（2）学生画思维导图，抽取学生作品展示、互评。

（3）小结：同学们要把一件事情写清楚可以按照一定顺序来写，记事过程中，我们还应当把重要内容写清楚。那么，怎样才能把重要内容写清楚呢？我们下一节课继续学习。

品·细节描写有声有色
——《麻雀》+《爬天都峰》+"交流平台"

1. 回顾写作顺序，导入新课

（1）上节课，我们学习了《麻雀》和《爬天都峰》，了解了写作顺序和主要内容。

（2）要把一件事情写清楚可以按照一定顺序来写，记事过程中我们还应当把重要内容写清楚。那么，怎样才能把重要内容写清楚呢？我们这一节课继续学习。

2. 聚焦细节，发现"写清楚"方法

（1）自读《麻雀》，勾画印象深刻的部分，思考：作者是怎样把这些印象深刻的部分写清楚的？（看到的、听到的、想到的）

（2）小组合作探究：勾画文中描写三个角色的动作，作者听到的声音、展开的联想等的关键词句，完成表4-3-6，体会作者是如何把重要内容写清楚的。

表4-3-6　《麻雀》动物分析表

角色	看到的	听到的	想到的
小麻雀			
猎狗			
老麻雀			

（3）全班交流，小结：写一件事，可以按照事情的发展顺序写，不仅可以写看到的，还可以把听到的和想到的写下来，这样才能清楚展现事情发展过程中的重要内容。

3. 细读对话，发现"记事融心情"

（1）《麻雀》运用了动作、神态、心理描写把重点部分写清楚，那么《爬天都峰》是怎样把爬山这一件事写清楚的呢？细读《爬天都峰》，思考："我"开始不敢爬，最后爬上去了。课文是怎么把"我"爬山的过程写清楚的？请勾画出相关语句。

（2）自读后交流。

预设1：聚焦"对话描写融情感"，发现通过描写"我"的情感变化，写清楚爬山过程。

预设2：描写"天都峰"，为下文"我"和老爷爷互相鼓励做好铺垫。

预设3：聚焦细节描写。

（3）小结：用细节描写把事情写清楚的金钥匙，就是把人物的想法写清楚；根据人物的心情变化串联事情，描写就更清楚了。

4. 初试身手，描述家务场景

（1）初试身手：观察家人炒菜、擦玻璃或者做其他家务的过程，用一段话把这个过程写下来。

（2）学生写完后同桌互评：是否按一定顺序写，运用细节描写（情感变化）把事情的过程写清楚。

（3）学生根据评价标准修改完善。

（二）品味伙伴笔下生活

本任务以"品味伙伴笔下的生活"这一任务情境为载体通过例文互读、课文比读等方法，了解事情发展过程中不重要的部分可以简要交代。

1. 自读例文，梳理事件

（1）今天，我们一起学习第五单元的习作例文，这两篇课文是按什么顺序写的，又是怎样把事情发展中的重要内容写清楚的？出示学习单一。

> **学习单**
> ① 自由读读《我家的杏熟了》和《小木船》，想想故事发生在什么时候，主人公是谁，围绕主人公讲了一件什么事？
> ② 结合两篇习作例文旁的批注，填一填事情的起因、经过、结果。

（2）交流，结合表格说说两篇习作例文的主要内容。

（3）小结：阅读记事的文章抓住了时间、地点、人物、起因、经过、结果，便了解了事情的来龙去脉；写这类文章也一样，交代了这些内容，文章也就基本清楚了。

2. 品读例文一，体会如何写清楚

（1）默读《我家的杏熟了》，完成学习单二。

> **学习单**
> ① 找出我情感变化的关键词。
> ② 按照事情发展的顺序，课文是怎么把奶奶"打杏""分杏"的过程写清楚的，用简单的批注写下自己的发现。

（2）小结：记事的时候，加上动作让人物动起来，添上语言让人物有想法、会说话，是写清楚事情过程的好办法。

3. 品读例文二，巩固如何写清楚

（1）默读《小木船》，完成学习单三：

> **学习单**
> ① 自读：找到描写"我"心理变化过程的词语，绘制《小木船》的情感变化曲线图。
> ② 小组讨论写法：体会为什么详细写"破裂"和"和好"，"我"和陈明的矛盾持续了很长一段时间，课文只用"转眼几个月过去了"一句话加以交代，你觉得课文有没有把事情写清楚？

（2）学生交流，师生互动：通过"我"的心理变化过程、过程路线图交代事情的来龙去脉。

（3）写作方法小结：写时间跨度比较大的事，要围绕重要内容写，不重要的内容可以简要交代，这可以让你的文章重点更突出。

4.学以致用，绘制情感曲线图

（略）

（三）描绘童年美好生活

本任务以"童年生活万花筒征稿活动"这一任务情境为载体，激发学生写作兴趣，把学习到的方法迁移运用，写清楚一件事，记录自己的美好童年生活。

1.创设情境，确定事件

（1）文字记录生活，照片定格时光。我们的童年生活就像一个万花筒，这不，学校文学社正在开展"童年生活万花筒"征稿活动，我们一起去看看吧。

第N期校园文学社征稿启事

同学们：

　　学校劳动节后将开展"举办童年时光展，献礼十岁成长礼"的活动，文学社特举办"童年生活万花筒"专刊，面向全校征集文稿。

　　稿件内容：可以是我们亲身经历的，或是我们看到的、听说的事。

　　稿件要求：选一件你印象最深的事，按一定顺序把事情的经过写清楚。

　　稿件征集时间：即日起一周内提交。

××小学文学社

××××年×月×日

（2）这么多事情，哪件事情给你留下了深刻印象呢？我们来看看课本里面提供的事情样本。出示教材中的提示，如图4-3-6所示。

图4-3-6　"印象深刻的一件事"教材提示

（3）师生共同梳理分类。

①从事情的内容分，可以是趣事、奇事、乐事、伤心事、感人事……

②从事情发生的地点分，可以是校内事、家庭事、社区事……

③从事情的来源分，可以是经历的事、看到的事、听说的事……

（4）学生分享两件难忘的事，其他组员根据以下标准评价，帮小伙伴挑选出一件最想听的事，评价标准见表4-3-7。

表4-3-7　"事例"评价标准

评价标准	"√"或"×"	修改建议
事例是否跟中心词匹配		
事例是否能引起读者兴趣		

2. 回顾方法，厘清顺序

（1）引导回顾《麻雀》和《爬天都峰》的写作顺序。

（2）教师小结：把一件事情写清楚，可以按"起因、经过、结果"的顺序写，也可以用"事前、事中、事后"的顺序写。（教师板书，内容如图4-3-7所示）

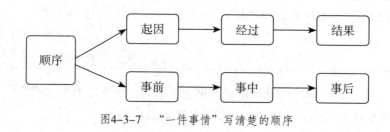

图4-3-7　"一件事情"写清楚的顺序

（3）学生借助学习单中的表格梳理事件的顺序，填记事件的关键语句。

3. 例文赏析，清楚表达

（1）确定重要内容：回顾课文写法，全班交流，你想把哪一部分作为重要内容来写？为什么？见表4-3-8。

表4-3-8　课文中的重要内容

事件	内容
☆包饺子	我和妈妈配合着包饺子

（2）怎样写清楚过程：思考《我家的杏熟了》是怎么把奶奶"打杏""分杏"的过程写清楚的。

（3）小结：通过动作、语言、神态等细节描写，将奶奶"打否""分否"时是怎么说、怎么做写清楚。（教师板书：重要内容写清楚，如图4-3-8所示）

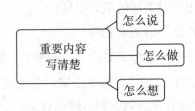

图4-3-8　"重要内容写清楚"板书设计

（4）《小木船》同样也是通过动作、语言、神态等细节描写，将友谊破裂的过程写清楚。

（5）学生借助思维导图，进行片段写作。

4. 分享交流，互评互改

（1）出示评价标准，见表4-3-9。

表4-3-9　"举办童年时光展，献礼十岁成长礼"评价标准

把重要内容写清楚	评价结果
能按一定顺序写	☆☆☆（　　　）
能写清楚怎么说的、怎么做的、怎么想的	☆☆☆（　　　）

（2）学生根据组员建议修改习作片段。

5. 完善提纲，完整事件

拟好标题—写好开头—写好结尾。

6. 推荐阅读，读写延伸

（1）推荐阅读：《城南旧事》。

（2）读写延伸：运用本单元学到的写作方法，把每一类事情写一写，形成一个主题单元作文，题目就叫"生活万花筒"。然后投稿到班报编辑部，和大家分享自己的美好童年生活。

（四）定格童年美好时光

本任务以"童年时光展"这一任务情境为载体，引导学生在语文实践活动中，联结课堂内外、学校内外，拓宽语文学习和运用领域；围绕童年生活，开展阅读、梳理、探究、交流等活动，提高学生语言文字运用能力，定格童年美

好时光。

1. 回忆童年——我眼中的"童年"

（1）学生畅谈自己眼中最美好的童年记忆。

（2）讨论：如何留住这些最美时光呢?

（3）"头脑风暴"：制作本组的海报，包括组名、展示方式、宣传语等。

（4）根据项目策划评价表，完善展示方案，明确分工、课下排练或活动时间、所需展示PPT或道具或其他材料、最终展示效果。

2. 珍惜此刻——举办童年时光展

（1）搭建"十岁成长礼""定格美好时光"展示平台，营造展示氛围。

（2）"童年时光展"的高光展示时刻。

（3）学生成长秀。

（4）现场秀，现场互评，评出最美好、最具创意、最感动大家的小组，体验成长的美好。

3. 展望未来——放飞童年梦想

（1）写下自己的童年梦想，展望未来的自己，并叠成飞机，放飞纯真的梦想。

（2）学生所有的"梦想"用一个时空胶囊封存在老师处，"定格美好时光"。

（本案例由东莞市大朗镇中心小学李凤菊设计）

❖ 案例3：探寻"心爱之物"表达秘密 ❖

——五年级上册第一单元整体教学设计

【学习内容】

1. 课内学习资源：《白鹭》、《落花生》、《桂花雨》、《珍珠鸟》、"口语交际"、"习作：我的心爱之物"、"语文园地"。

2.课外学习资源：《橡树》《一只惊天动地的虫子》《天窗》《春天》。

【学习目标】

（一）知识目标

1.学习本单元生字新词。

2.摘抄、积累优美和富有哲理的句子，背诵指定的课文。

3.熟悉文中描写事物特征的句子，了解作家、作品的基本信息。

（二）能力目标

1. 理解性朗读课文，能读出白鹭的形态之美、场景之美、花生的朴实之美、摇桂花的快乐之美。

2. 运用联系课文内容和生活实际的方法理解，初步了解课文借助具体事物抒发感情的方法，并迁移运用语言。

3. 学习在一定时间内，有顺序地表达观点，并用合并和删除的方法在讨论后总结观点。

4. 能够把自己心爱之物的外形特点、来历以及心爱的理由写清楚，尝试借助心爱之物抒发自己的喜爱之情，养成修改作文的好习惯，在自改和互改中提高写作水平。

5. 体会"比较"的方法用于表现所写之物的特点与品质时的好处，学习"同一词语"在不同语境中的不同意思，并学会运用。

（三）素养目标

1.感受万物与人的密切关系，培养对自然万物的敬畏与热爱之情。

2. 由古到今，由中到外，感受寓情于物类文学作品的魅力，树立人与自然和谐相处的理念。

3. 理解文学作品的独特性：任何一种文学类型都离不开人的情感表达。

【任务情境】

每个人都有自己的心爱之物，3月初学校将举办"心爱之物展览会"，评选30名"校园解说达人"。语文老师决定结合语文课程第一单元学习，选拔5名"班级解说达人"，带上他们的心爱之物参赛。同学们，赶快行动起来吧。

为了让学生在语文实践活动中积极主动地参与学习，需做好如下学习准备。

1. 选择自己的心爱之物作为展品。

2. 了解自己的心爱之物，搜集相关资料，准备图片或照片，能从不同角度介绍清楚这个事物。

3. 能学习运用本单元借助具体事物表达情感的方法介绍自己的心爱之物，打动读者的心。

【学习规划】

"探寻'心爱之物'表达秘密"的学习规划，见表4-3-10。

表4-3-10　"探寻'心爱之物'表达秘密"学习规划

生活情境	主题	任务	材料组合	课时安排	对应目标与要素
举办"心爱之物"展览会	探寻"心爱之物"表达秘密	（一）聊聊"心爱之物"	"口语交际"+《白鹭》+《落花生》+《桂花雨》+《珍珠鸟》	2课时	了解本单元学习任务，读通课文，了解课文主要内容
		（二）开展"心爱之物"颜值PK	《白鹭》+《珍珠鸟》+《蝉》	2课时	借助描绘美丽可爱表达喜爱之情
		（三）探寻心爱之物之"心爱"	《落花生》+《桂花雨》+"词句段运用1"	2课时	如何借助事物特点或事例表达情感
		（四）拓展"我的心爱之物"表达秘密	"交流平台"+《橡树》+《一只惊天动地的虫子》+《天窗》+《春天》+"词句段运用2"	1课时	进一步了解借助具体事物抒发感情的方法
		（五）记录"心爱之物"展示会	习作《我的心爱之物》	2课时	通过描绘外形、来历、相处等方法，表达情感

【学习过程】

（一）聊聊"心爱之物"

本任务以"聊聊心爱之物"这一任务情境为载体，整合了三项语文实践活动，明确本单元学习任务，读通课文，了解课文主要内容。

1. 聊一聊我的心爱之物（创设情境，明确任务）

（1）话题导入，激发兴趣：聊聊自己非常珍爱的东西以及和它的故事。

（2）明确单元主题任务：探寻"心爱之物"表达秘密，举办"心爱之物"展览会。

（3）讨论：在展示物品的同时，还需要展示什么？明确为心爱之物配上解说词的重要性和必要性。

（4）产生学习期待：在本单元的几篇课文中，我们将学习如何把对一件事物的喜爱之情写出来。

（5）明确"我的心爱之物"作品评价标准，见表4-3-11。

表4-3-11　"我的心爱之物"作品评价标准

评价要点	星级评价
能写清楚心爱之物的样子及来历	☆☆☆（　　　）
能突出心爱之物的特点，表达你的喜爱之情	☆☆☆（　　　）
能写清楚陪伴心爱之物的小情景或小故事	☆☆☆（　　　）
能语句通顺，标点恰当，有条理，能主动修改	☆☆☆（　　　）
能给自己的作品贴上图片或照片，向同学介绍	☆☆☆（　　　）

2. 读一读作家的心爱之物（根据预习单，自主预习）

（1）边读课文边画出生字词，用学过的方法，自主识记两课的生字新词。

（2）运用加小标题的方法概括课文主要内容。

3. 说一说作家的心爱之物（检测字词，概括内容）

（1）检测字词，积累语言。

（2）用拟小标题的方式概括内容。

（3）简要说一说作家的心爱之物。

（二）开展"心爱之物"颜值PK

本任务以"开展心爱之物"这一任务情境为载体，创设了"跟着作者学表达"的情境，整合了三项语文实践活动，在读中学习"借助描绘美丽可爱表达喜爱之情"，以写促读。

1. 和郭沫若一起欣赏白鹭之美

（1）郭沫若说"白鹭是一首精巧的诗""白鹭实在是一首诗，一首韵在骨子里的散文诗"。让我们一起走进课文，和郭沫若一起欣赏白鹭之美。

（2）品读课文，感受"精巧"：朗读课文，说说你从哪些地方感受到"白鹭是一首精巧的诗"。

（3）品味文字，感受"韵味"：课文的6—8自然段描绘了三幅优美的画面，请你为每幅图画起一个名字。

（4）小结：通过品读描写白鹭外形美、钓鱼、栖息、低飞的相关语句，想象画面，学习作者抓住白鹭的特点，运用对比、夸张、比喻、拟人等方法，来理解"白鹭实在是一首诗，一首韵在骨子里的散文诗"，体会作者对白鹭的无比喜爱之情。

2. 听冯骥才讲可爱的珍珠鸟

（1）冯骥才说"真好！朋友送我一对珍珠鸟"，"这是一种怕人的鸟"，可是珍珠鸟后来居然趴在他的肩头上睡着了。这是怎么回事呢？让我们一起去听听冯骥才讲讲那只可爱的珍珠鸟。

（2）课文哪些地方写出了珍珠鸟的"好"——可爱，找出这样的语句，了解珍珠鸟可爱的外形，体会"我"和珍珠鸟的情意。

（3）交流汇报：通过关键词句，联系上下文和生活实际，了解珍珠鸟可爱的外形，体会"人""鸟"之间关系的变化。

3. 仿写片段，描写心爱之物

（1）小结：通过感悟、想象、联想等方式，体会作者借助描绘自己的心爱之物的美丽可爱的外形表达喜爱之情。

（2）小练笔：你们眼中最喜欢的小动物是什么样子的？学习作者借助描绘心爱之物的美丽可爱的外形表达喜爱之情的写法，来写一写你喜欢的一种小动物吧。

（三）探寻心爱之物之"心爱"

本任务以"探寻心爱之物之心爱"这一任务情境为载体，整合《落花生》《桂花雨》和"词句段运用1"，创设了"访问作家"的情境，学习"如何借助事物特点或事例表达情感"。

1. 到许地山家过花生节（品事物特点和做人）

（1）这节课，我们到许地山家过花生节，和他们一起尝花生、议花生。全家人在尝花生的过程中是怎样议花生的？父亲是怎样借花生说明道理或表达自己观点的？

学习任务一：

① 默读课文第3—15自然段，思考落花生具有什么特点。认真品读父亲说的话，把自己的理解写在文字的旁边。

② 小组讨论：作者是运用什么方法写出落花生的特点的？又是如何借花生说明道理或表达自己观点的？

（2）师生交流，相互补充、完善结论。

要点：

① 通过对话，议论落花生的好处，通过与桃子、石榴、苹果的比较，凸显落花生的特点：埋在地下，沉默朴素、毫不起眼，外表不好看，但对别人很有用、乐于奉献。

② 领悟借物喻理、托物表达观点、说明道理的方法。

2. 到江南采访琦君（借助事例表达情感）

（1）到许地山家品尝花生，发现了花生的特点和做人的道理。接下来，我们跟随课文到江南采访琦君，去看看琦君借助事例表达情感的方法。

学习任务二：

① 课文是怎样写桂花香和桂花雨的？把句子找出来，读一读，体验桂花香和摇桂花的乐趣。

② 母亲为什么说"这里的桂花再香，也比不上家乡院子里的桂花"？

（2）师生交流，相互补充、完善结论。

要点：

① 通过品读描写桂花香的语句，体会作者把桂花与梅花做比较，表达作者偏爱桂花的情感。

② 通过品读描写桂花雨的语句，体会作者运用白描手法描写桂花雨的情景，体验摇桂花的乐趣。

③ 通过理解"这里的桂花再香，也比不上家乡院子里的桂花"的含义，领悟借物抒情的方法。

（3）小结：作者借故乡的"桂花香"与"摇花乐"，表达思乡之情。

3. 仿写事物，表达情感

（1）写一写：故乡的一花一草一木，能寄托游子的思乡情。许地山忘不了家乡的落花生，琦君忘不了家乡的桂花。如果有一天，你长大了，远离故乡，你想念故乡时，会想到故乡的什么呢？会记住它什么样的姿态？或回忆起怎样的往事呢？请你在本子上把想到的、记住的写下来。

（2）全班交流。

（四）拓展"心爱之物"表达秘密

本任务以"拓展心爱之物表达秘密"这一任务情境为载体，通过三个活动，整合"交流平台""词句段运用"和课外经典散文《橡树》《一只惊天动地的虫子》《天窗》《春天》等，进一步巩固提升"借助具体事物表达情感"的方法，为单元习作做好铺垫。

1. 总结梳理，交流分享

阅读"交流平台"，交流本单元课文的学习体会，理解作者所要表达的思想感情，及其借物抒情的表达方式。

2. 比较阅读，交流汇报

自主阅读课外经典散文《橡树》《一只惊天动地的虫子》《天窗》《春天》，用思维导图的方式概括这些文章在表达情感方面的异同，然后小组交流汇报。

3. 一词多义，灵活运用

理解不同词语在不同语境中的意思，并学会运用。

（五）记录"心爱之物"展示会

本任务以"记录心爱之物展示会"这一任务情境为载体，通过四个实践活动，来进行语言实践活动，学习通过运用描绘外形、来历、相处过程等方法，表达情感。

1. 聊心爱之物，明"心爱"内容

（1）学习本单元第一课时，我们就明确了要举办"心爱之物"展示会，同学们也确定了自己的心爱之物。下面，我们就来聊聊你的心爱之物是什么？它是什么样子的，你是怎样得到的，为什么会成为你的心爱之物？

（2）交流，明确"心爱之物"写作内容（样子、来历、用途等），观察记录表见表4-3-12。

表4-3-12　"我的心爱之物"观察记录表

样子	来历	特点	相处过程	陪伴小故事或小情景

2. 赏心爱之处，习融情之妙

（1）回顾课文能体现"心爱"之处的片段，欣赏体会作者表达情感的方法。

（2）全班交流。

3. 用借物抒情，写心爱之物

（1）学生写自己的心爱之物，教师巡视指导。

（2）根据习作评价标准自己修改习作。

4. 展心爱之物，评最佳作品

（1）出示评价标准，见表4-3-13，小组合作，互相赏评，评选出小组最佳作品。

表4-3-13　"我的心爱之物"作品评价标准

评价要点	星级评价
能写清楚心爱之物的样子及来历	☆☆☆（　　　）
能突出心爱之物的特点，表达你的喜爱之情	☆☆☆（　　　）
能写清楚陪伴心爱之物的小情景或小故事	☆☆☆（　　　）
能语句通顺、标点恰当、有条理，能主动修改	☆☆☆（　　　）
能给自己的作品贴上图片或照片，向同学介绍	☆☆☆（　　　）

（2）根据小组建议和习作评价标准进一步修改完善作品。

（3）将习作和照片张贴在班级展览，开展心爱之物展示会，供大家学习。

（本案例由东莞市大朗镇中心小学李凤菊设计）

第五章

发展型学习任务群3：
思辨性阅读与表达

语言是思维的外壳，思维是语言的内核。语言与思维相互依存，语文能力与思维能力相互促进。叶圣陶先生曾说："多年来我一直认为，语文课的主要任务是训练思维，训练语言。"可见，在语文教学中进行思维训练，提高学生的思辨能力，是非常必要的。"思辨性阅读与表达"学习任务群，作为侧重培养学生理性思维和理性精神的课程内容，是第一次以课程内容的形式出现在新课标，回应了当今社会的发展需要具有批判性思维的创新型人才而设置的课程内容。

第一节　价值与内容

新课标明确指出："本学习任务群旨在引导学生在语文实践活动中，通过阅读、比较、推断、质疑、讨论等方式，梳理观点、事实与材料及其关系；辨析态度与立场，辨别是非、善恶、美丑，保持好奇心和求知欲，养成勤学好问的习惯；负责任、有中心、有条理、重证据地表达，培养理性思维和理性精神。"这段话明确指出了本任务群的课程价值与内容要求。

一、课程价值：培养负责任的表达者

新课标在"课程目标"中指出："思维能力是指学生在语文学习过程中的联想想象、分析比较、归纳判断等认知表现，主要包括直觉思维、形象思维、逻辑思维、辩证思维和创造思维。思维具有一定的敏捷性、灵活性、深刻性、独创性、批判性。有好奇心、求知欲，崇尚真知，勇于探索创新，养成积极思考的习惯。"

（一）回应数字化时代发展的迫切需求

随着数字化时代的发展，当今世界处于一个信息爆炸的时代，各种媒介信息、广告、宣传无所不在，优劣杂陈，铺天盖地而来。面对海量信息，需要国民具备强大的信息甄别、过滤、选择能力。在深思明辨者面前，这些信息不足为惧，甚至可以为其所用。但对于缺乏独立思考和思维能力的国民来说，这些信息就很容易消耗国民的宝贵时间，甚至影响并左右着国民的判断、决策和行动，时代对思辨性思维能力的要求从未像现在这样变得不可或缺。因此，新课标将思辨性阅读与表达作为学习任务群单独设置，正是对应了核心素养中的思维能力，也是回应了知识经济时代对人才培养的需求。本任务群的设置，对提高国民思维方式具有重要意义。

（二）改变传统教育忽视思维培养的教学方式

长期的语文实践证明：每个学生在思维能力的发展上都存在差异。形成差异的原因有先天遗传因素，也有后天的教育因素。科学研究与实验证明，个体素质状况与能力状况有直接的联系，而生理素质又往往与遗传有关，人的获得性遗传能够使某些素质一代又一代地传下去。但后天的培养教育，才是个体素质差异形成的重要原因。虽然语文课程标准一直对思维能力的培养非常重视，但在实际的语文教学中，很多教师还是采取传统的"讲授中学""操练中学"，重记忆轻应用的应试教学方式，忽视对学生思维能力的培养。

20世纪80年代以来，美国、英国、加拿大、澳大利亚、新西兰等国纷纷把思维能力的培养作为高等教育的目标之一。思维能力是21世纪高素质人才培养的一项重要指标，也是小学阶段教育的重要目标，更是国民适应社会发展需要的重要能力。因此，新课标单独设置"思辨性阅读与表达"学习任务群，并分学段明确了思维培养的内容、载体、方式和教学提示，为改变传统忽视思维训练提供了课程内容与要求，为一线教师教学实践提供实施路径，落实课程育人的价值功能，培养负责任、有中心、有条理、重证据的表达者。

（三）提升国家竞争力的关键举措

当前世界正面临激烈的经济竞争，主要是科技竞争，科技竞争表现为教育竞争，教育则体现在人才培养、智力开发的问题上。思维是人智力开发结果的核心，所以，世界竞争说到底是思维的竞争。人类依靠思维的敏捷性、灵活性、深刻性、独创性、批判性、创造性去获取竞争的胜利，去认识世界、改造世界，创造光辉灿烂的物质文明和精神文明。新课标单独设置"思辨性阅读与表达"学习任务群，旨在引导学生学习思辨性阅读与表达，发展比较、推断、实证、批评等能力，增强思维的逻辑性和深刻性，培养理性思维和理性精神；旨在为国家培养具有"4C素养"（即批判性思维、创新能力、合作能力和交流能力）的高素质人才提供支持与保障。

二、课程内容：发展学生的理性语言素养

（一）目标定位

1. 课程总目标定位

课程总目标第6条、第7条表述："积极观察、感知生活，发展联想和想

象，激发创造潜能，丰富语言经验，培养语言直觉，提高语言表现力和创造力，提高形象思维能力。""乐于探索，勤于思考，初步掌握比较、分析、概括、推理等思维方法，辩证地思考问题，有理有据、负责任地表达自己的观点，养成实事求是、崇尚真知的态度。"

第6条侧重于感性思维的培养，第7条侧重于理性思维的培养，特别是第7条目标，是从方法、能力、习惯、精神四个方面设计的：一是思维方法，包括联想、想象、比较、分析、概括、推想等；二是思辨能力，培养语言直觉，提高语言表现力和创造力，辩证地思考及有理有据、负责任地表达自己的观点；三是思考习惯，积极观察、感知生活，乐于探索、勤于思考等；四是理性精神，养成实事求是、崇尚真知的态度等。为本任务群的目标定位和内容选择提供了参照。

2. 本任务群目标定位

"思辨性阅读与表达"学习任务群的目标是从阅读、探究、表达三个活动角度，对照第7条理性思维目标中的方法、能力、习惯、精神四个方面来整体设计的。

（1）学习科学的思维方法。从语文经验出发，引导学生在语文实践活动中，通过阅读、比较、推断、质疑、讨论等方式，梳理观点、事实与材料及其关系，逐步掌握分析与比较、归纳与推理等逻辑思维方法，学会运用理性的思维方法学习。

（2）提升思辨性读写能力。在阅读中通过比较、分析、概括、推理等思维方法，辩证地思考问题，多方位、多角度辨析是与非、美与丑、善与恶、真与假，提升思辨能力。同时，在表达中能够有证据、有逻辑、有条理、负责任地表达自己的观点和见解，提升思辨性阅读与表达能力。

（3）养成勤学好问的习惯。儒家经典《中庸》中的"博学之，审问之，慎思之，明辨之，笃行之"，将学、问、思、辨、行五种行为放在一起，意在强调它们彼此之间不可分割的关系。"博学""审问"是"慎思""明辨"的基础，保持好奇心和求知欲，养成勤学好问的思维习惯，勤于观察，敢于质疑，善于反思，勇于探究。

（4）培养实证的理性精神。在数字化时代，借助自媒体平台，每个人都可能成为信息的接收者和发布者，都可能成为信息发布中心，对舆论产生很大

影响，所以培养负责任、有中心、有条理、重证据地表达的理性思维和理性精
神，对于每一位国民来说都是必备品格。

（二）内容要求

围绕上述目标和要求，新课标根据每个学段学生的年龄特点和接受能力，
从阅读和表达两个方面提出了进阶性的内容和要求，见表5-1-1。

表5-1-1 "阅读和表达"进阶性内容要求

学段	学习主题	学习侧重点
第一学段	"生活真奇妙""我的小问号"	阅读要求：发现、思考身边的鸟兽虫鱼、花草树木、家用电器等的奇妙之处，说出自己的想法。 表达要求：大胆提出生活和学习中遇到的问题；乐于分享自己解决问题的办法
第二学段	"大自然的奥秘""生活中的智慧""我的奇思妙想"	阅读要求：学习辨析、质疑、提问等方法。 表达要求：运用口头和图文结合的方式，表达自己的观点和思考；运用列提纲、画思维导图等方式，表达故事中的道理
第三学段	"社会公德大家谈""奇妙的祖国语言""科学之光""东方智慧"	阅读要求：体会不同的表达效果；学习科学家的创造精神，体会猜想、验证、推理等思维方法。 表达要求：学习有理有据地口头或书面表达自己的观点；用思维导图等方式辅助，简洁清楚地表述科学发现、发明的过程

从表5-1-1可以看出，"思辨性阅读与表达"学习任务群内容具有如下特点：

1. 逐级递增，外延渐广

从思辨内容上看，同样是"思辨性阅读与表达"学习任务群，三个学段的
学习任务在学习主题上具有关联性，呈现螺旋式上升的设计，保持好奇心和求
知欲的对象的外延在逐渐扩大。

2. 逐渐提高，螺旋式上升

从思辨要求上看，横向比较三个学段的学习要求，不难发现：不同学段
的学习要求逐渐提高、螺旋式上升。从阅读内容上看，理性思维含量在逐级增
加；从表达上看，要求逐渐提高。

3. 逐步提升，由易到难

从思辨技巧上看，思维含量逐步提升。关于阅读要求，由阅读、发现、思考自己的想法到学习辨析、质疑、提问等方法，再到猜想、验证、推理等思维方法；关于表达要求，从提出问题，乐于分享到运用口头和图文结合的方式，表达观点和思考；运用列提纲、画思维导图等方式，表达故事中的道理；再到学习有理有据地表达观点，用思维导图等方式辅助，简洁清楚地表述科学发现、发明的过程。思维逻辑、批判性思维、理性思维随着学段提升越来越强。

第二节　实施建议

　　"思辨性阅读与表达"学习任务群的教学提示提供了四条实施建议，分别从学习主题与学习情境创设、学习活动设计、学习资源搜集和利用、学习任务群评价展开。结合语文教学实际、学生特点与需求、教材编排特点，可以从以下几个方面着手实施。

一、基于学情，精心设计主题情境

　　"教学提示"第一条指出："应根据学生思维发展的特点，在不同学段创设适宜的学习主题和学习情境……将文本阅读和自主探究结合起来，为学生提供广阔的思考、表达和交流空间。"同时，提供了一些学习主题和情境的名称，例如，第一学段"生活真奇妙""我的小问号"，第二学段"大自然的奥秘""生活中的智慧""我的奇思妙想"，第三学段"社会公德大家谈""奇妙的祖国语言""科学之光""东方智慧"，将文本阅读和现实探究结合起来，为学生提供广阔的思考和探究空间，同时也为教材编写和教师教学提供了参考。

　　例如，五年级下册第六单元，单元导语是"思维的火花跨越时空，照亮昨天、今天和明天"，围绕主题"思维的火花"，选编了《自相矛盾》《田忌赛马》《跳水》三篇文章。此外，还安排了想象类习作"神奇的探险之旅"以及语文园地。旨在让学生通过阅读和学习，学会认识和分析文本中人物的思维，从而提升思维能力和思维品质，然后将学到的思维方式运用到自己的生活中来，学以致用，提高解决具体问题的意识和能力，指导现实生活。这个人文主题既是本单元要落实的学习目标，同时也是学生的成长目标。根据教材分析、学情分析，就可以确定本单元的学习主题是"关注思维过程，点亮思维火花"，创设"举办思辨训练营，评选智慧之星"的任务情境，探究本单元核心问题——故事中人物怎样的思维导致不同结局？从而引导学生在真实的任务情境中阅读、思考、表达和交流。

二、立足素养，优化实施学习活动

本任务群中的"教学提示"列举了阅读、讨论、探究、演讲、写作等多种学习活动形式，以达到"引导学生学习发现、思考、探究问题的思路和方法"的目的。可以归纳为三类学习活动：一是阅读活动；二是探究活动；三是表达活动，包括讨论、演讲、写作等。因此，在设计、组织"思辨性阅读与表达"的学习活动时，要注意立足核心素养，聚焦学生思维发展，优化实施学习活动，确保语文实践活动顺利开展，促进学生的思维能力、思维品质、思维精神、思维习惯得到提升。

（一）设计具有思辨性的学习活动

教师设计该任务群活动时需要关注活动的理性思维含量。一是要从学生的生活体验出发，设计具有趣味性、吸引力和挑战性的问题，激发学生的探究兴趣和思维活力。例如，可以围绕"网络游戏的利与弊"这个话题，根据学生的年龄特点，开展资料搜集、调查研究、展示分享、演讲论辩等活动。二是要从教材中提取有思辨性的核心问题，例如五年级下册第六单元核心问题——故事中人物怎样的思维导致不同结局？围绕核心问题，组织学生通过阅读、比较、分析、概括、推理、实证等思维方法，辩证地、批判地思考问题，引导学生发表对文本的看法，尝试表达自己的观点，从文本中寻找证据支持自己的观点。

（二）设计具有关联性的学习活动

学习任务群的学习活动设计，一是要和语文高度关联，活动要始终围绕培养学生的语文核心素养这一目标展开，可以运用项目式学习的思路，在活动设计中先梳理出需要学习的核心知识，然后根据核心知识确定驱动性问题，安排具体活动流程。二是要体现每个学习活动之间的关联性，围绕学习主题和学习任务，遵循学生学习规律，设计具有关联性、阶梯性、富有挑战性的学习活动，让学生经历学习过程，逐步提升思维能力。

（三）设计具有操作性的学习活动

在设计活动时要注意体现活动的操作性。一是注意活动的形式、难度和梯度。活动的形式要结合时代发展，力争丰富多彩；活动的难度要适宜，符合学生的"最近发展区"；活动的梯度要合理，循序渐进。例如，第一、二学段重在阅读分享、提问和讨论，第三学段增加演讲、课本剧编演，第四学段增加调查、辩论等。二是注意单元整体学习活动流程的安排，围绕单元大主题、大任务，根据学情，创设情境，设计符合学生认知规律的，能够确保学生积极参与的学习活动。同时确保充分的活动时间。

三、借助资源，搭建各类教学支架

思维是看不见摸不着的，它像个黑箱一样，那么怎样让思维可见，怎样来引导学生进行思辨？"教学提示"提出："应鼓励学生借助现代信息技术，自主搜集和利用学习资源，拓展思路，支持自己的思考和论说。应引导学生学习搜集和选择信息的基本方法，关注信息的可靠性和权威性。"可见，利用现代信息技术搜集和利用学习资源，为学生搭建"思辨性阅读与表达"的各类教学支架是非常重要的。

"思辨性阅读与表达"侧重于抽象思维，须借助学习工具呈现思维过程、展示学习结果，以便自我调整学习活动，提高学习的自我效能感。每个学段根据学生学习特点和认知规律，为学生提供学习支架，鼓励学生借助现代信息技术促进思维提升。

第一学段：可以借助阅读图画书，走进大自然观察，请教家长和老师等方式，积极思考、探究，乐于分享自己解决问题的办法，说出一两个理由。

第二学段：可以通过阅读、依据事实和细节，运用口头和图文结合的方式，表达自己的观点和思考；尝试运用列提纲、画思维导图等方式，表达故事中的道理。

第三学段：可以借助现代信息技术，自主搜集和利用学习资源，拓展思路，支持自己的思考和论说，体会猜想、验证、推理等思维方法。

四、尝试探索，开展有效教学评价

关于本学习任务群的评价，"教学提示"指出："评价要关注学生在问题研究过程中的交流、研讨、分享、演讲等现场表现，以及活动过程中产生的文字、表格、统计图、思维导图等学习成果，要特别关注学生思考的过程和思维的方法。"这一要求关注了三类评价内容：一是现场表现；二是学习成果；三是思考的过程和思维的方法。其中，前两种是显性的，最后一种是隐性的。根据这些评价内容，可见既要重视过程性评价，又要重视终结性评价。

"过程性评价贯穿学习任务的全过程，重点考查学生在学习情境中表现出来的学习态度、参与程度和'思维能力'等核心素养的发展水平，尤其是要借助思维导图等学习工具，真实地呈现学生内隐的思维过程，促进学生进行反思。"这就提醒教师在教学过程中，要注意三点：一要关注学生的现场关键表现，根据学习目标，制定表现性评价目标，设计现场观察记录表或表现性评价表，记录学生在学习活动中的关键表现；二要关注学生的自我评价，根据单元学习目标，制定单元学习评价表，充分发挥相互评价的作用，促进学生自觉关注学习表现和学习结果，对照评价表总结反思，形成学习习惯；三要运用多种评价方式，根据学习活动的不同类型和不同阶段，采取不同的评价方式，以增强评价的针对性、科学性与整体性。除了重视过程性评价，还可以借助终结性评价来评判学生核心素养特定领域的水平层级，促进学生学习积极性。

综上所述，"思辨性阅读与表达"学习任务群的实施，需要教师深入研读新课标，体会和理解其价值和定位，明晰学段课程内容和要求，立足发展学生理性思维和理性精神，通过精心设计的单元整体教学，让学生在语文实践活动中提升核心素养。

第三节　实施案例

❖ 案例1：故事里的智慧 ❖
——二年级上册第五单元整体教学设计

【学习内容】

1. 课内学习资源：《坐井观天》、《寒号鸟》、《我要的是葫芦》、"口语交际：商量"、"语文园地五"。

2. 课外学习资源：《寓言故事》。

【学习目标】

（一）知识目标

1. 认识35个生字，读准3个多音字，会写24个字，会写27个词语，积累带"言、语"的四字词语。

2. 能够正确、流利、有感情地朗读课文，读好长句子，初步感知课文内容。

（二）能力目标

1. 能够分角色朗读课文，读好对话，读出不同句子的语气，感受人物的性格特点。

2. 能借助文中的句子，联系生活实际，初步体会课文所揭示的做人的道理。

3. 通过体会不同的表达，能感受和体验语言表达的多样性，并尝试表达，并能仿照例句把句子写清楚。

4. 能够和别人商量事情，尝试用商量的语气，符合逻辑地把自己的想法说清楚。

（三）素养目标

1.通过阅读有趣的寓言故事，关注和思考生活中奇妙的事物，能表达自己独特的想法。

2.通过阅读、观察、请教、讨论等方式，能够大胆地提出自己的疑问，分享自己的观点。

3.能够明辨是非，区分对错，培养理性思维和理性精神。

【任务情境】

故事是陪伴孩子最好的伙伴，故事中的一花一草一木一人，都能打开儿童稚嫩的心扉，故事中的情节能让孩子快乐思考和表达，而角色的扮演，也能让孩子们沉浸其中，体验故事的趣味。以"故事配音秀"为活动情境，让孩子们在角色中体验人物的特点，选择自己最喜欢的角色，一起到活动中来体验吧！

为了更充分地让学生沉浸式感受寓言故事的魅力，可以做好如下准备：

1.提前阅读部分寓言故事，初次感知寓言故事的魅力。

2.营造体验式学习氛围。

【学习规划】

"故事里的智慧"的学习规划，见表5-3-1。

表5-3-1　"故事里的智慧"学习规划

生活情境	主题	任务	材料组合	课时安排	对应目标与要素
故事配音秀	故事里的智慧	（一）小小收藏者	《坐井观天》+《寒号鸟》+《我要的是葫芦》+"识字加油站"+"书写提示"	2课时	多种方法认字识词，积累语言，简要了解故事内容
		（二）读故事，悟道理	《坐井观天》+《寒号鸟》+《我要的是葫芦》+"我爱阅读"《刻舟求剑》+"字词句运用"	4课时	通过读好反问句、感叹句、祈使句等不同语气，尝试联系生活，初步体会故事中的道理

生活情境	主题	任务	材料组合	课时安排	对应目标与要素
故事配音秀	故事里的智慧	（三）商量商量，选个角儿	"口语交际：商量"	1课时	能用商量的语气与别人交流，并能清楚表达自己的想法
		（四）班级配音秀	《坐井观天》+《寒号鸟》+《我要的是葫芦》	1课时	能选择喜欢的角色，进行创意配音

【学习过程】

（一）小小收藏者

本任务以"勇闯字词关，做小小收藏者"这一任务情境为载体，整合了三个活动，让学生在闯关中认字识词，积累语言。这些寓言故事里面有很多需要掌握的字词宝宝，我们一起去迎接挑战吧！

1. 词语碰碰乐

（1）读一读：出示文中的词语，借助拼音读准字音。

（2）猜一猜：根据图片猜猜词语，抢答完成。

（3）玩一玩：玩"小猴子摘桃子""青蛙跳一跳"游戏，巩固识字。

（4）比一比：圈画出自己会读的词语宝宝，读多少，记多少分。

2. 认字小明星

（1）读一读：课文中有很多生字宝宝，借助拼音，读准二类字字音。

（2）分一分：观察生字，根据结构，归类识字。

（3）认一认：借助字理、图片等方法进行识字。

（4）辨一辨：区分"渴、喝"两个字，声旁相同，形旁不同，容易混淆。

（5）记一记：积累多音字"哪、号、当"。

（6）比一比：与同桌互相检查，借助识字卡片，认读生字，看谁读得多，读多少，记多少分。

3. 写字小高手

文中有很多生字宝宝，我们一起熟悉，一起写，写得漂亮的就可以把它带回家哦！

（1）读一读：识字卡片读一读生字，字音要读准确。

（2）看一看：观察生字宝宝的结构和笔画，注意笔顺的不同。

（3）写一写：书写时注意写字的坐姿、握笔姿势。

（4）评一评：小组互评，将写得漂亮的生字圈起来，几个圈就得几分，评价表见表5-3-2。

表5-3-2 "小小收藏家"评价表

活动	识字词数
1.词语碰碰乐	能读（　　）个词语
2.认字小明星	能认（　　）个生字
3.写字小高手	能写（　　）个生字
分数	＿＿＿＿分

（5）课堂小结：这节识字课，同学们用自己的智慧成功挑战三关，积累了大量的生字、词语，你总共收获多少分呢？数一数，看看最后哪些同学可以获得"小小收藏家"的称号呢？

（二）读故事，悟道理

本任务以"读故事，悟道理"为主题，创设了"寻故事之意，争做小小朗读者"的情境，整合《坐井观天》《寒号鸟》《我要的是葫芦》三篇课文，通过朗读训练，了解故事内容。

这节课，我们将通过多种形式读故事，感受故事中蕴含的深刻道理，开展"寻故事之意，争做小小朗读者"活动，每完成一个任务，就可以完成收获成长册。

表5-3-3 "寻故事之意，争做小小朗读者"收获成长册

收获的道理	朗读评价
《坐井观天》：	朗读人物对话：优秀　良好　一般
《寒号鸟》：	朗读人物对话：优秀　良好　一般
《我要的是葫芦》：	朗读感叹句、祈使句、疑问句：优秀　良好　一般

1. 天就那么大

（1）读一读课文，思考：这个故事讲了一件什么事？

（2）从2—7自然段中找出青蛙和小鸟的对话，读一读，思考。

① 围绕"天有多大"这个话题，青蛙和小鸟进行了几次对话？如何理解"无边无际""大话"这两个词语呢？

② 指导朗读青蛙和小鸟的对话，读出疑问句、祈使句的特点，读出青蛙的自大、怀疑。

（3）青蛙怎样做，才能看到无边无际的天空呢？（同桌思考、交流，班级汇报）

（4）联系生活，说一说在你的身边遇到过"井底之蛙"一样的人或者一样的事情吗？

（5）小结：在现实生活中，我们不但不要做眼界狭小、目光短浅的井底之蛙，还要尽自己所能去帮助那些坐井观天的人。在别人增长见识的同时，我们也能收获更多的快乐。

2. 寒号鸟再也不叫了

（1）阅读故事，读准字音，读通句子，完成以下任务。

① 故事的主人翁是谁？它们发生了一件什么事？

② 找一找故事发生的几个时间段，每个时间段寒号鸟在干什么呢？用"_____"在文中画出来。

（2）结合句子，理解词组。

（3）找到故事中人物的对话，分角色朗读，感受两个人物性格的不同。

（4）寒号鸟最终还是被冻死了，如果寒号鸟听了喜鹊的劝告，它的结局将会怎么样呢？

（5）小结：生活中，要想过美好的生活，那就得靠劳动创造。只顾眼前利益、不想将来、鼠目寸光、对生活抱有侥幸心理的人，一定会在灾难来临时付出悲惨的代价。

3. 葫芦去哪了

（1）用自己喜欢的方式阅读课文，根据四幅图片的提示，自己尝试说说故事的经过。

（2）阅读故事，用"_____"标出带有语气词的句子。

①读好句子，说说语气词在句子中有哪些不同的作用。

②对比不同语气，感受不同句式表达的情感有什么不同。

（3）交流：种葫芦的人为什么没有得到葫芦？

（4）拓展：我爱阅读《刻舟求剑》，读完故事思考：坐船的人能通过刻的记号找到掉在江里的宝剑吗？说说理由。

（5）小结：在日常生活中，很多事物间的关系密切，不能片面地看问题。

4. 作业设计

选择自己喜欢的故事，讲给家人和朋友听。

（三）商量商量，选个角儿

为了更好地完成班级配音秀，同伴之间能更友好地沟通，这节课，我们以"商量商量，选个角儿"为情境，学习如何与他人商量解决问题。

1. 认识"商量"

（1）课前老师与学生商量课堂要求，认识"商量"。

（2）交流：生活中，你遇到过哪些需要商量的事情？

（3）小结：生活中我们需要寻求别人的帮助，或者自己拿不定主意、与别人意见不一致时，就需要学会和别人商量着解决问题。

2. 体验"商量"

看视频，思考：到底怎样才算是商量呢？

视频内容：今天是毛毛的生日，他想找同学小莉调换一下值日，他是这样说的："喂，跟我换下值日。"可是，小莉怎么也不搭理他。

（1）问题出在哪里呢？你觉得应该怎么说？同桌讨论。

（2）如果用商量的语气应该是怎么说呢？

（3）角色扮演，用商量的语气扭转结局。

3. 尝试"商量"

（1）实战演练：遇到以下的情况，你会怎样跟别人商量？和你的同桌一起说说吧！

①向同学借的书没有看完，想再多借几天。

②最爱看的电视节目就要开始了，但爸爸正在看足球。

（2）下节课是"班级配音秀"活动，每人要在班级找到一位自己的搭档，一起扮演故事中的角色。现在大家用商量的语气寻找伙伴，用商量的语气一起探讨该如何扮演好角色。

（3）小结：和别人商量，能有效地解决问题，在商量时，能做到语言恰当，礼貌沟通，清楚地表达自己，有意见时不勉强别人，相信你一定能赢得别人的喜欢和尊重。

4. 作业设计

用商量的语气和同伴扮演故事中的角色，为班级配音秀做好准备。

（四）班级配音秀

1. 制定秀场规则

（1）三人一组，一起选择《坐井观天》《寒号鸟》《我要的是葫芦》三个故事中的一个，分好角色，进行配音。

要求：

①角色能搭配得当，故事能较完整地呈现。

②能恰当使用语气词展示角色的特点。

③能联系生活，初步体会故事中的道理。

（2）组员做好表演准备。

2. 班级展示秀

（1）班级配音展示。

（2）评选"最佳表演配音员""最佳情感配音员"标准，见表5-3-4。

表5-3-4　"最佳表演配音员""最佳情感配音员"评价标准

评价标准	获得点赞
角色分工合理	
故事能完整呈现	
能用反问句、感叹句、祈使句等恰当的语气展现人物的特点	
能联系生活，初步体会故事中的道理	

（3）为优秀的配音员颁奖。

（本案例由东莞市大朗镇中心小学盛蔓设计）

案例2：探青史留名，讲历史故事

——四年级上册第八单元整体教学设计

【学习内容】

1. 课内学习资源：《王戎不取道旁李》、《西门豹治邺》、《故事二则》、"口语交际"、"语文园地"、"习作：我的心儿怦怦跳"。

2. 课外学习资源：《世说新语》《韩非子》《文彦博取球》《孙亮断案》《西门豹罢官》《包公审驴》《李时珍》。

【学习目标】

（一）知识目标

1. 识记本单元必写必会生字、词语等基础知识要点。

2. 正确、流利地朗读课文，了解课文的主要内容。

3. 背诵课文《王戎不取道旁李》。

4. 了解《世说新语》和《韩非子》。

（二）能力目标

1. 自主阅读故事，将故事主人公解决问题的思维过程图示化，并借助图式读懂故事中的"智慧"。

2. 借助比较阅读，梳理并分析不同故事中主人公解决问题的相同之处与不同之处，在教师指导下，总结用智慧解决问题的一般思维路径，即"观察—推想—分析—决策—实施"。

3. 能根据提示梳理故事情节，简要复述课文内容，在朗读中体会语言描写、动作描写相关语句，感受人物的智慧。

4. 能选取一件令自己的心儿怦怦跳的事情，写清楚事情的经过和当时的感受。

（三）素养目标

1. 自选一则中华智慧故事，在真实情境中讲故事，讲清故事的起因、经过和结果，讲出故事主人公的思维过程，并从中汲取中华优秀传统文化。

2.初步建立思辨意识，学习依据事实进行思辨的方法。

【任务情境】

亲爱的同学们，四年级老师们结合学校每月举行的"和美秀场"，元旦后开展一次"探青史留名，讲历史故事，评选十佳智慧故事大王"的活动，每一位同学都是历史故事讲堂的主人，希望同学们积极参与到活动中。届时，我们还将邀请一二年级的学弟学妹作为特邀嘉宾，现场参与投票，推选"十佳智慧故事大王"。聪明的你，赶快报名参加吧。

为了讲好智慧故事，同学们做好如下学习准备：

1.积极搜集并阅读中华智慧故事，比如三年级语文课本（上、下册），阅读《司马光》《守株待兔》《捞铁牛》，并特别关注故事主人公如何解决遇到的问题或困难。

2.搜集中华智慧故事，将所选书籍带到班级，与同学分享阅读，并选择一个自己了解并感兴趣的历史人物故事作为讲故事比赛素材。

3.提前阅读《苏东坡》。

伴随着"探青史留名，讲历史故事，评选十佳智慧故事大王"活动的开展，我们将集体经历"探究古代俊杰为何能青史留名"的整个学习过程，完成《中华智慧揭秘图》《中华智慧故事集锦》，敬请期待！

【学习规划】

"探青史留名，讲历史故事"的学习规划，见表5-3-5。

表5-3-5　"探青史留名，讲历史故事"学习规划

生活情境	主题	任务	子任务	材料组合	课时安排	对应目标与要素
探青史留名，讲历史故事，评选十佳智慧故事大王	探究古代俊杰为何能青史留名	（一）寻访古人：青史寻踪	生字阅兵、故事大会	《王戎不取道旁李》+《西门豹治邺》+《故事二则》	1课时	积累基础知识，了解故事内容

生活情境	主题	任务	子任务	材料组合	课时安排	对应目标与要素
探青史留名，讲历史故事，评选十佳智慧故事大王	探究古代俊杰为何能青史留名	（二）探访古人：智慧留影	感受魏晋名士风采	《王戎不取道旁李》+《文彦博取球》+《孙亮断案》	1课时	感受人物智慧，积累背诵俊杰故事
			一睹战国名吏风华	《西门豹治邺》+《西门豹罢官》+《包公审驴》	2课时	探究西门豹青史留名原因，有详有略简要复述
			领略名医能手智慧	《故事二则》+《李时珍》	1课时	探究纪昌、扁鹊青史留名原因，按一定顺序讲故事
			历史俊杰故事会	"口语交际：讲历史人物故事"	1课时	探究历史人物被后人传颂的原因，评选十佳智慧故事大王
		（三）回顾自身：心跳时刻	讲述我的心跳时刻	"习作：我的心儿怦怦跳"	2课时	能选取一件令自己的心儿怦怦跳的事情，写清楚事情的经过和当时的感受
		（四）传承古人：积累升华	复述故事、寻访古人	"语文园地"	1课时	梳理探究，积累运用

【学习过程】

（一）寻访古人：青史寻踪

本任务以"寻访古人，青史寻踪"这一任务情境为载体，明确本单元学习任务，读通课文，了解课文主要内容，梳理基础知识，寻访古人。

1. 创设情境，明确主题

发布学校元旦之后举行"探青史留名，讲历史故事，评选十佳智慧故事大王"活动的通知，为学生提供讲述平台，激发其阅读兴趣，并调动学习动力。

2. 自主阅读，梳理内容

（1）欢迎来到"俊杰"故事馆，默读本单元的三篇课文，借助预习单，自主预习本单元的生字词语和梳理本单元的课文内容。

预习单

① 准确、通顺地朗读课文。

② 认读本单元生字，并把要求会写的字端端正正地写在写字本上。

③ 整体感知，概括主要内容，见表5-3-6。

表5-3-6　本单元的课文内容

课文题目	历史人物	概括主要事件（谁干什么）
《王戎不取道旁李》	王戎	
《西门豹治邺》		
《扁鹊治病》		
《纪昌学射》		

（2）字词闯关，大赛热身。

3. 阅读故事，寻访古人

（1）我是小小朗读家：朗读《王戎不取道旁李》。

（2）我与历史人物初相会：初步梳理故事内容。

（3）我是小小思考家：为什么王戎、西门豹、纪昌、扁鹊能够青史留名？

（二）探访古人：智慧留影

本任务以"对话古人：智慧留影"这一任务情境为载体，寻访古人，探究王戎、西门豹、纪昌、扁鹊能够青史留名的原因，简要复述故事，发展语言、思辨、推理能力。

<h3 style="text-align:center">感受魏晋名士风采</h3>

跟随聪慧儿童，穿越时空，来到魏晋时期，访问魏晋小名士王戎，聆听他的智慧。

1. 情境导入，要素梳理，思维初感

（1）集体背诵《司马光》《守株待兔》。

（2）依据文本将故事主人公的思维过程图示化，借助图式解释：司马光是怎样救人的？宋国人为什么被大家嘲笑？

（3）学生交流故事及感受，初步感知思维。

（4）板书课题，指导书写"戒"字。

2. 任务驱动，学习汇报，读好故事

（1）回顾学习文言文的方法，运用已学方法，根据学习单要求，自主学习。

学习单

① 读通故事——我能读准字音，读准句子停顿。

② 读懂故事——我能借助注释、插图试着理解文意，说出故事内容。

③ 背诵故事——我能速读速记，挑战背诵课文。

（2）学生汇报，读懂故事。

3. 探究问题，对比理解，感悟智慧

（1）出示核心问题。

① 王戎为何不取道旁李？王戎是个怎样的人？你是从哪感受到的？

② "诸儿竞走，唯戎不动"改为"小儿竞走，王戎不动"，可以吗？为什么？

（2）小组交流，全部汇报。

预设1：联系上下文，初知人物形象。

预设2：通过对比理解，感悟人物形象。

众人不禁叹曰："王戎真乃＿＿＿＿＿＿＿＿＿也！"

唯戎不动，戎思：＿＿＿＿＿＿＿＿＿＿＿＿

人问之："＿＿＿＿＿＿＿＿＿＿＿＿＿＿＿＿？"

（3）学法小结：探究王戎的"动"与"不动"，体悟王戎的静观独思的人物形象。学会抓住主要情节、关键语句，联系生活体会人物特点。

4. 创设情境，补充情节，趣讲故事

（1）王戎真是一个留名青史的俊杰，他的故事流传至今，被很多人津津乐道。现在我们来讲好这个故事。怎样讲，才能吸引人呢？

（2）学生汇报，相机点拨：展开想象，补充情节，让故事生动起来。

（3）举行"我是俊杰故事传讲人"比赛活动，出示课件。

我是俊杰故事传讲人

① 发挥想象，补充空白，讲好故事。

故事单一：如果你是王戎，回到家，你把这件事讲给父亲母亲听。

故事单二：如果你是诸儿中的一位小伙伴，回到家，你把这个故事讲给弟弟妹妹听。

故事单三：如果你是过路人，你把这个故事讲给乡亲们听。

② 注意根据讲故事要求，自选故事单，四人小组练习，选出代表在全班展示。

（4）"我是俊杰故事传讲人"展示，听众根据评价清单进行评价，见表5-3-7。

表5-3-7 "我是俊杰故事传讲人"评价清单

等级	一级指标 （☆）	二级指标 （☆☆）	三级指标 （☆☆☆）	四级指标 （☆☆☆☆）
标准	能把故事讲完整	能针对听众把故事讲完整	能针对听众，补充情节把故事讲生动	能针对听众，补充情节，加上表情动作把故事讲生动

（5）学法小结：展开想象，补充情节，让故事生动起来。

5. 拓展故事，追根溯源，传承文化

（1）七岁的王戎让我们见识到他的聪慧。对比阅读《文彦博取球》《孙亮断案》，说一说三个孩子的相同之处，试着分析他们的童年表现与未来成长的关系。

（2）追根溯源，传承文化。简介《世说新语》，课件翻页展示。

（3）德育渗透——让我们立足中国文化，讲好中国故事，做中华优秀文化的传承者。

一睹战国名吏风华

同学们，在距今2000多年前的古代战国时期，有位地方官叫西门豹，他的官职虽然不高却被后人一直称颂，这是为什么呢？让我们跟随聪慧儿童，穿越时空，来到战国时期，访问战国名吏西门豹，寻找答案吧。

1. 我是内容梳理者

（1）检测字词。

第一组：西门豹、巫婆、官绅、徒弟（故事人物）。

第二组：田地荒芜、人烟稀少、开凿渠道、灌溉庄稼（地方情况）。

第三组：提心吊胆、面如土色、磕头求饶（官绅神情）。

151

（2）借助三组词语，简述课文主要内容。

（3）默读课文，想想写了西门豹治邺过程中的几件事。

（　　　　　）→（　　　　　）→（兴修水利）

（4）小结：抓住每个部分的主要内容，结合记叙文"六要素"（时间、地点、人物，事情的起因、经过、结果），然后进行串联，也能概括课文主要内容。

2. 我是言行品鉴师

（1）开展调查，查找原因。

西门豹初到邺这个地方，看到的景象——田地荒芜，人烟稀少。面对这样的景象，他要给魏国的国君写一份报告，于是展开了调查。请同学们阅读课文第1—9自然段，画出西门豹问的四个问题及老大爷的回答，填写表5-3-8。

表5-3-8　西门豹在邺这个地方的报告

次数	西门豹的问题	老大爷回答要点
第一问	田地荒芜，人烟稀少的原因	
第二问		
第三问		
第四问		

（2）研读言行，体味智慧。

①默读课文第10—14自然段，画出西门豹言行的句子，用心体会这些语言的言外之意和巧妙之处。想一想，这句话是什么意思？议一议，这句话巧妙在哪里？读一读，悟出这句话的智慧。

②屏幕分别出示西门豹言行的句子，交流探讨。

③分角色朗读课文，再次体会说话的巧妙，西门豹的智慧：基于观察发现问题—实地调研、认真分析，澄清问题根源—将计就计，惩治恶人，教育百姓—兴修水利，彻底解决问题。

3. 我是惜字如金者

（1）如果你是一位战国老百姓，请你把西门豹惩治恶人的经过讲给史官听听，注意长话短说，讲清过程。

（2）出示交流平台：简要复述（分清主次，长话短说）。主要内容详细说说（讲明要点+讲清过程），次要内容简单说说（讲明要点），有些内容甚至可以省略不说。

（3）学生借助次要情节学习长话短说的方法。

4. 我是战国史官

（1）如果你是战国史官，会怎样向国君汇报？请你借助情节图，把西门豹治邺的事情简要复述给国君听。

（2）学生复述，其他生评价，评价表见表5-3-9。

表5-3-9 "简要复述故事"评价表

评价内容	自评	互评
理情节，讲完整	☆☆☆	☆☆☆
明主次，有详略	☆☆☆	☆☆☆
巧转述，说简练	☆☆☆	☆☆☆

（3）听了史官的汇报，西门豹给你留下什么样的印象？（聪明，为民除害）

5. 我是小小分析员

（1）阅读《西门豹罢官》中的故事，分析西门豹是个怎样的人。他的罢官又表现出什么呢？他罢官的原因是什么？

（2）思辨：西门豹治邺的表现和他罢官的表现矛盾吗？

（3）小结：西门豹治邺是为了百姓生活富裕、安定，说明是一个正直而有智慧的好官，后来他选择罢官是其正直和良知的表现。正是因为他始终不变的正直和良知，让他可以青史留名。

（4）阅读《包公审驴》，从中能看出包公是什么样的官？对比分析包公和西门豹，你觉得一个"好官"最基本的要求是什么？

（5）小结：从小事做起，学会为班集体服务，为身边的人服务，长大为国家服务，为人民服务。

领略名医能手智慧

同学们，让我们继续跟随聪慧儿童，穿越时空，探寻扁鹊和纪昌青史留名的原因。

1. 我是故事讲解员，复述有方法

（1）回顾《王戎不取道旁李》和《西门豹治邺》的学习方法和收获。

（2）观看动画作品，初步了解韩非子其人及著作。

（3）快速浏览课文，从《扁鹊治病》《纪昌学射》两个故事题目入手，说说故事的主要内容。

（4）抓住表示故事发展先后顺序的词句，梳理主要信息，简要复述故事，见表5-3-10、表5-3-11。

表5-3-10　《扁鹊治病》病历表

时间	诊断结果	治疗方法	蔡桓公的态度
有一天	皮肤上有一点小病	热敷	对左右的人说

表5-3-11　《纪昌学射》记录卡

时间	飞卫的要求	怎样练习	取得成绩
开始练习			

2. 我是悟道小能手，学习古人好品质

（1）扁鹊并没有治好蔡桓公的病，为何还被称为"神医"？

①结合历史资料，了解扁鹊和蔡桓公的不同身份。

②抓住扁鹊四次见蔡桓公的时间点和两人之间的距离及病理说明，讲清楚扁鹊的医术水平。（防微杜渐、医术高明）

③抓住蔡桓公的四次态度讲清楚故事的矛盾交锋。（固执己见、讳疾忌医）

④抓住扁鹊最后回避蔡桓公的情节，讲清楚故事的结局。

（2）纪昌被称为射箭能手，他"能"在哪里？纪昌青史留名仅仅因为他是射箭能手吗？

①抓住文中飞卫老师的教导方法。（练好基本功）

②抓住文中纪昌练习射箭的方法和毅力。（坚持不懈、相当到家、离成功

不远）

③明白飞卫教纪昌学习射箭的秘诀和纪昌百发百中的秘诀。

④小结：要学有所成，既要有老师的严格教导，又要靠自己的后天努力。

3. 复述方法我运用，故事我会说

（1）运用学习的"抓住表示故事发展先后顺序的词句"的复述方法，来简要复述《三顾茅庐》这个故事。

（2）学生复述，他人评价，评价卡见表5-3-12。

表5-3-12　复述评价卡

评价要点	智慧指数
次要部分讲明要点	👍
主要部分讲清过程	👍
复述故事比较简要	👍

历史俊杰故事会

（1）召开历史俊杰故事会，小组内展示自己搜集的资料，简要介绍自己要讲的内容。把自己喜欢的故事的重要信息写在卡片上，借助卡片自己练讲，评出小组内"最佳故事传讲人"。

（2）各组"最佳故事传讲人"在班内讲自己最喜欢的历史人物故事，根据评价标准，评出班级"最佳故事传讲人"，选拔出两位同学代表班级参加学校举办的"十佳智慧故事大王"比赛。

表5-3-13　"历史俊杰故事会"评选表

评价标准		自评	同伴评
我会讲	按照起因、经过、结果把故事讲清楚	👍👍	👍👍👍
	运用合适语气讲生动	👍👍	👍👍👍
	添上动作表情吸引人	👍👍	👍👍👍
我会听	认真倾听，提出意见	👍👍	👍👍👍
备注：小组成员各有👍，根据组员的表现进行点赞哦！			

（3）回家给家长讲一讲自己学到的历史俊杰故事，重点讲述那些突显人物智慧、品格的故事情节。

（三）回顾自身：心跳时刻

聪慧儿童穿越来到现代社会，他要听同学们讲述"我的心跳时刻"。

1. 回顾经历，唤醒心跳记忆

（1）教师分享自己的"我的心跳时光轴"，如图5-3-1所示。

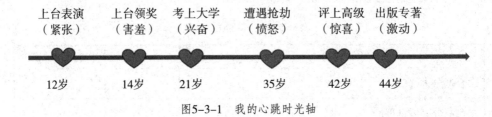

图5-3-1 我的心跳时光轴

（2）心儿怦怦跳是每个人都有的经历。小组内分享哪一年，哪一件事让你的心跳特别快？

（3）分享交流，多角度引导学生知道心儿怦怦跳，拓宽思路。

（　　）岁那年，（　　），我的心跳得厉害，因为（　　）。

2. 例文引路，梳理"心跳图"

（1）怎样把自己心怦怦跳的感觉写出来，让别人读了也心怦怦跳呢。我们先来看看这位小作者的心跳经历。

（2）阅读例文《独自走夜路》，梳理过程和心情变化。

（3）教师根据学生的交流进行整理，完成"心跳图"。

3. 绘制"心跳图"，学写心儿怦怦跳

（1）回想事件的心情变化，绘制"心跳图"，如图5-3-2所示。

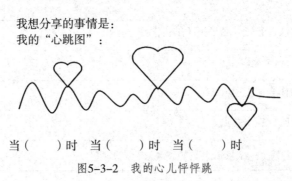

图5-3-2 我的心儿怦怦跳

（2）利用心跳图，叙述事情的经过。

（3）借助心跳图，初试身手。

4. 聚焦心跳，写好心儿怦怦跳

（1）写好心儿怦怦跳有哪些妙招？

（2）学生交流后，出示习作锦囊助修改。事情过程展开写，心里想的如实写。心情词语来帮忙，身体反应不要忘。

（3）修改片段。

5. 对标完善，心跳故事发布

（1）对照"习作评价表"修改后，读给同学听，请他们提出建议，再修改誊抄，见表5-3-14。

表5-3-14　"我的心怦怦跳"习作评价表

要点	自评	他评
事情过程展开写	👍👍	👍👍👍
心里想的如实写	👍👍	👍👍👍
心情词语来帮忙	👍👍	👍👍👍
身体反应不要忘	👍👍	👍👍👍

（2）出示微课，引导学生总结从不同角度把感受写清楚的方法。

（3）全部习作结集成册，举行"心跳故事"作品集发布会。

（四）传承古人，积累升华

1. 复述讲方法，我是故事讲述人

（1）阅读交流平台，总结简要复述的方法：复述之前读几遍，熟悉内容很关键。主要内容是重点，次要内容恰当减。抓住顺序关键词，复述有序才圆满。

（2）选择一个最感兴趣的历史人物，说一说人物形象，并用所学方法简要复述人物的主要事件。

（3）运用本单元学会的方法，尝试简要复述《李时珍》。

2. 积累会运用，我是成语小达人

（1）学习"识字加油站"，总结形声字的构字方法。

（2）小组内进行扩词训练及词语运用。

（3）梳理词语，理解词意，见表5-3-15。

表5-3-15　词语梳理

类别	词语
长相俊美、举止优雅	眉清目秀、亭亭玉立、明眸皓齿、文质彬彬
身强体壮、气度不凡	相貌堂堂、威风凛凛、膀大腰圆、短小精悍
老年人外貌特点、精神风貌	容光焕发、鹤发童颜、慈眉善目、老态龙钟

（4）积累背诵，描述人物的成语，并选用以上几个词语说一段话，描述一个自己熟悉的人物或者影视作品中的人物形象。

3. 书写有速度，我是书写小能手

（1）运用提高书写速度的方法，在横格里正确、工整地抄写。

（2）展示交流，并进行评价。评价标准见表5-3-16。

表5-3-16　评价项目及标准

评价项目及标准	评价结果
字的中心在横格的中线上，并能保持水平	☆☆☆☆☆
字距差不多，标点符号和字之间也保持一定的距离	☆☆☆☆☆
书写有一定的速度，能做到正确、工整、美观	☆☆☆☆☆

（本案例由东莞市大朗镇中心小学李凤菊设计）

❖ 案例3：关注思维过程，点亮思维火花 ❖
——五年级下册第六单元整体教学设计

【学习内容】

1. 课内学习资源：《自相矛盾》、《田忌赛马》、《跳水》、"习作：神奇的探险之旅"、"语文园地"。

2. 课外学习资源：《执竿入城》、《围魏救赵》，韩非子、司马迁、列夫·托尔斯泰生平及其主要作品的信息，《寓言故事》或《巨鹿之战》《赤壁之战》等历史故事，《冲出亚马逊》《少年派的奇幻漂流》等影片。

【学习目标】

（一）知识目标

1. 识记本单元必写必会生字、词语等基础知识要点。

2. 能正确、流利地朗读课文，背诵《自相矛盾》。

3. 了解文言文中单音节词和现代汉语中双音节词相对应的语言现象。

4. 了解作者韩非子、司马迁、列夫·托尔斯泰生平及其主要作品的信息。

（二）能力目标

1. 通过阅读思考，梳理故事的起因、经过、结果，能用自己的话讲述故事内容和人物的思维过程。

2. 找到文中描写人物言行、描述客观条件的相关语句进行分析，并依此推测人物思维过程。

3. 能领会人物的思维过程，根据情境编故事，把事情发展变化的过程写具体。

4. 阅读思辨类文章，了解人物的思维过程，学习思考问题的方法，能根据实际情况选择恰当的办法解决生活中的问题。

5. 能用学到的思维方法拓展阅读更多的历史故事。

（三）素养目标

1. 通过一定的思维训练，帮助学生打破思维定式，用反向思维解决紧急问题，形成创新的思维意识。

2. 能客观评价人物的思维方式。

3. 学习成功人士的思维方式，感知思维方式和人的心智成长之间的关系。

【任务情境】

亲爱的同学们，下个月学校将举行"举办思维训练营，评选小小探险家，汇编探险故事集"的活动。老师决定结合语文课程第六单元举行的思维训练营选拔5名"小小探险家"撰写的探险故事参赛。聪明的你，赶快报名参加吧，让思维的火花跨越时空，照亮你、我、他。

为了让自己快速成长为充满智慧的"小小探险家"，请同学们做如下学习准备：

1. 自主阅读第六单元教材内容，自主学习生字新词，用思维导图梳理课文内容。

2. 搜集作者韩非子、司马迁、列夫·托尔斯泰生平及其主要作品的信息。

3. 阅读《寓言故事》或《巨鹿之战》等历史故事，从《海底两万里》《汤姆·索亚历险记》等探险书籍选择一本阅读，或观看《少年派的奇幻漂流》等影片。

【学习规划】

"关注思维过程，点亮思维火花"的学习规划，见表5-3-17。

表5-3-17 "关注思维过程，点亮思维火花"学习规划

生活情境	主题	任务	材料组合	课时安排	对应目标与要素
举办思辨训练营，评选小小探险家	关注思维过程，点亮思维火花	（一）开启思维之旅	《自相矛盾》+《田忌赛马》+《跳水》	1课时	1.识记本单元必写必会生字、词语等基础知识要点。2.能正确、流利地朗读课文
		（二）思楚国人的矛盾之处	《自相矛盾》+《执竿入城》+"词句段运用1"+"日积月累"	2课时	能用自己的话讲述故事内容和人物的思维过程
		（三）访田忌赛马获胜之因	《田忌赛马》+《围魏救赵》+"交流平台"	2课时	了解人物的思维过程，加深对课文内容的理解
		（四）品跳水的办法之妙	《跳水》+"词句段运用2"	2课时	梳理故事的起因、经过、结果，能用自己的话讲述故事内容和人物的思维过程
		（五）编探险故事展现思维	"习作：神奇的探险之旅"+"词句段运用3"	2课时	根据情境编故事，把事情发展变化的过程写具体

【学习过程】

（一）开启思维之旅

本任务以"举办思辨训练营，评选小小探险家"这一任务情境为载体，明确本单元学习任务，读通课文，了解课文主要内容，梳理基础知识。

1. 创设情境，明确任务

发布学校举行"举办思辨训练营，评选智慧之星"活动的通知，为学生提供展示与表达平台，调动学生学习积极性，激发思维火花。

2. 自主阅读，检测字词

（1）我会认。

吾（wú）盾之坚　其人弗（fú）能应也　夫（fú）不可陷之盾与无不陷之矛

出谋划策（cè）　引荐（jiàn）　放肆（sì）　桅（wéi）杆

撕（sī）开　吓唬（hu）　龇（zī）牙咧（liě）嘴　瞄（miáo）准

（2）我会写（重点指导矛、盾、誉、赢、艘、航、舱写法）。

（3）积累五个多音字：夫、应、场、钻、模。

（4）积累一组词语。

（5）多种方法理解重点词语。

3. 读通课文，了解大意

（1）《自相矛盾》写了一个既卖矛又卖盾的人说话前后抵触，而被人问住，无法自圆其说的事。

（2）《田忌赛马》讲了田忌和齐威王及贵族们赛马的故事。重点写在孙膑的帮助下田忌赢了比赛。

（3）《跳水》讲述了一个十分惊险的故事：一只猴子把船长儿子戴的帽子挂到了桅杆顶端最高的横木一头，孩子为了追回帽子，走上横木。在万分危急的时刻，船长急中生智，命令儿子跳水，使孩子转危为安。

（二）思楚国人的矛盾之处

本任务以"思楚国人的矛盾之处"这一任务情境为载体，读通课文，了解课文主要内容，梳理基础知识，探究楚国人自相矛盾的原因，明白寓言蕴含的道理，运用学习到的思维方法，联系生活实际，解决生活中的问题。

1. 温故知新，开启思维之旅

（1）寓言故事生动短小，能引起大家的深思，给人以深刻启迪，多读寓言故事，可以训练思维，让我们变得更加聪明。今天，我们来学习一则文言文形式的寓言故事。

（2）展示"矛"和"盾"的图片，说说它们的作用和特点？

（3）了解作者及作品，明晰学习定位。

2. 读懂故事，初知矛盾思维

（1）一读故事，读准字音。

（2）二读故事，借助注释，读懂故事。

①回顾学过文言文中的字义，学习使用组词法。

道（道路）旁李 溺而不返（返回） 冀复（重复）得兔 守（守候）株待兔

②出示"语文园地"中的"词句段运用1"，巩固用补充组词的方法理解古文中的单字。

③联系上下文，理解句意。

（3）三读故事，根据理解断句定节奏，读出韵味。

3. 情境演绎，探索矛盾思维

（1）师生合作，"回声读"。

（2）同桌合作，配乐热闹集市，演绎"矛盾"情境。

（3）问题深入，发现"矛盾"思维。

①路人曰："以子之矛陷子之盾，何如？"你们觉得会怎样？以子之矛陷子之盾，究竟会出现几种可能呢？"矛盾"思维记录见表5-3-18。

②小组交流，教师在黑板上呈现思维导图。

表5-3-18 "矛盾"思维记录表

可能情况	盾	矛
可能1	盾完好	矛陷
可能2	盾陷	矛完好
可能3	盾陷	矛陷
可能4	盾完好	矛完好

③ 这4种可能出现的现象可以分别得出什么结论？

小组合作完成：请选择合适的句子，思维结论见表5-3-19，把序号填入括号中：A.吾盾之坚，物莫能陷也。B.吾矛之利，于物无不陷也。

表5-3-19 "矛盾"思维结论表

可能情况	盾	矛	得出结论
可能1	盾完好	矛陷	矛质量不好，（　　）不成立
可能2	盾陷	矛完好	盾质量不好，（　　）不成立
可能3	盾陷	矛陷	矛和盾质量都不好，（　　）不成立
可能4	盾完好	矛完好	矛没有刺破盾，（　　）不成立

④ 楚人为何"弗能应也"？

4. 换位体验，深思矛盾缘由

（1）引导从楚人的商人立场思考，了解"矛盾"缘由：楚人这样夸赞自己的盾和矛的目的是什么？楚人究竟错在哪里呢？

（2）引导从路人角度思考，发现"矛盾"之处：如果你是路人，听了楚人的广告宣传后，就会按照他的思维去想，相信他的话吗？你应该怎么做？

（3）联系生活，辨析自相矛盾的广告语。

（4）立足自己，深思矛盾，规劝楚人。

（5）多种形式背诵《自相矛盾》。

5. 故事新编，改变思维方式

（1）楚国人听从了我们的忠告，发现了自己思维上的错误，他决心再卖一次矛和盾。这不，他来向我们请教了。请同学们帮他设计一个把矛和盾都卖出去的方法。

（2）小组合作讨论，设计帮助楚国人销售矛和盾的方案。

（3）根据销售方案，新编故事，改变思维方式。

（4）小结：矛和盾既是对立的，也可以是统一的，可以强强联手，更加强大，这样既解决了矛盾，事物也得到了发展。

6. 拓展阅读，感知传统文化

（1）阅读《执竿入城》，思考：竿和城是不是对立的？如果长竿横着竖着都不能进城，那就只能把竿子锯断吗？再遇到问题时，要怎样思考才能实现双赢的结果呢？

（2）小组交流后汇报，教师点拨小结：利用正确的思维方式处理实际生活问题。

（3）介绍韩非子，推荐阅读书籍《韩非子》。

（三）访田忌赛马获胜之因

本任务以"播报齐威王与田忌赛马，采访田忌获胜原因"这一任务情境为载体，梳理故事情节，探究田忌赛马获胜的原因，推测孙膑制订计策的思维过程，加深对课文内容的理解，通过一定的思维训练，帮助学生打破思维定式，尝试用逆向思维解决寻常问题，形成创新思维意识。

1. 厘清关系，现场解说赛况

上节课，我们学习寓言故事《自相矛盾》，探究了楚国人自相矛盾行为背后的原因，明白了说话做事不能自相矛盾，要学会利用正确的思维方式处理实际生活问题。今天，我们要穿越时空，来到战国时期，作为齐国中央体育电视台记者，对赛马的盛况进行现场直播，去观看田忌赛马盛况。事不宜迟，让我们马上打开课本，进入比赛现场。

（1）现场解说：人物出场，相机了解三个重要人物（田忌、孙膑、齐威王）。

（2）现场解说：自读课文，解说第二次赛马。

① 第一次赛马，齐威王赢了，田忌输了。第二次田忌按照孙膑的建议，调整了马的出场顺序，这样的安排最后的结果是两胜一负，田忌赢了。

② 借助思维导图，学生现场解说。

③ 全班互动，对记者的直播解说给予评价。

2. 现场采访，探究田忌获胜之因

过渡：第一次赛马田忌输得一塌糊涂，第二次赛马却反败为胜。这是什么原因呢？现场观众对此都疑惑不解。作为齐国中央体育电视台记者，也做了一次访谈节目，采访赛马的几位当事人，探究田忌获胜之因，一解大家的疑惑。

学生扮演记者，向"齐威王""田忌""孙膑"现场采访。

（1）采访"孙膑"，领略孙膑的超常思维。

① 这场比赛赢得胜利的关键人物叫孙膑。我们派出记者专门去采访了他：赛前他做了哪些准备呢？用了什么计谋呢？仔细研读3—9自然段，寻找答案。

② 学生采访，"孙膑"说思维过程。小组练习采访过程，体验思维火花。

③ 小结：孙膑观察赛马的角度与众不同，他不仅细心观察到了"马"，还观察到了规则，认真思考，仔细分析，勇于打破常规。马还是原来的马，只需要调换一下马的出场顺序，就可以转败为胜，这就叫作知己知彼、扬长避短、避实就虚、丢卒保车、出奇制胜。

（2）采访"田忌"，揣摩人物心理。

① 听了孙膑的建议以后，田忌果然取得胜利。让我们再来采访"田忌"，你会提出什么问题？

② 同桌演绎，揣摩人物心理。

（3）采访"齐威王"，总结经验教训。

① 明明我每等马都比田忌的强，怎么会输了呢？齐威王很纳闷，召开赛后经验总结会。作为记者你会提出哪些问题？作为他团队的一员，你又会提出哪些建议呢？

② 师生采访。

③ 小结：从故事和原文中，我们可以分别感受到三位主人公怎样的品质？

田忌：知人善用、听取建议。

孙膑：善于观察、认真思考，仔细分析、打破常规、多谋善断。

齐威王：求贤若渴、知人善任。

3. 讲述故事，生动再现思维

（1）通过现场解说和采访，我们不仅知道了经典赛况的来龙去脉，而且还知道了人物的思维过程，探究了田忌反败为胜的原因。接下来，我们借助思维导图呈现的关键信息，生动形象地讲述故事，再现人物思维过程。

（2）多种形式练习讲故事，及时评价，评价要点见表5-3-20。

表5-3-20 讲述故事评价表

评价要点	智慧指数
能讲清故事的六要素	👍
能重现故事发生的场景	👍
能模仿人物说话的语气、动作、表情	👍
能用转述的语气（孙膑后来的情况）	👍

4. 总结拓展

（1）阅读"交流平台"，总结"要了解人物的思维过程，加深对课文内容的理解"的方法。

（2）认真阅读短文《围魏救赵》，提炼主要信息，厘清事件过程，小组合作完成学习单，用不同颜色的笔或不同形式的线，分别画出齐军和魏军的行军路线图。

（3）小组派代表推演孙膑的思维过程，说说《围魏救赵》中齐军获胜的原因是什么？

（4）小结：孙膑运用逆向思维，帮助田忌转变火力方向，分散敌军战斗力，最终取得了胜利。

（5）读了这两个故事，你认为实力与智慧哪个更重要？

（四）品跳水的办法之妙

本任务以"探思维过程，品办法之妙"这一任务情境为载体，梳理故事情节，探究孩子跳水的前因后果，还原船长的思维过程，品跳水的办法之妙，感悟船长富有经验、机智勇敢等品质，在现实生活中运用灵活的思维解决实际问题，培养创新思维意识。

1. 课题导入，引发探究兴趣

（1）上节课，我们观看解说了经典赛况《田忌赛马》，访问了当事人，探究了田忌反败为胜的原因，知道了主要人物的思维过程，感悟孙膑过人的智慧。今天，我们要跟随列夫·托尔斯泰，来到海上一艘环游世界的大船，去看看谁跳水？为什么跳水？跳水的结果如何？事不宜迟，让我们马上打开课本，进入比赛现场。

（2）认识作者列夫·托尔斯泰。

2. 抓住人物，梳理故事文脉

（1）快速浏览《跳水》，这篇小说主要涉及哪些人物？

（2）孩子、猴子、船长、水手在故事中是怎样活动的？默读课文，想想这个故事的起因、经过和结果，尝试将这几个人物串联在一起，填写流程图，如图5-3-3所示。

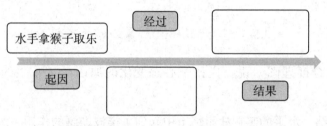

图5-3-3　未填写的《跳水》故事流程图

（3）根据流程图，用简练的语言，按照故事的发展顺序，概括故事内容，如图5-3-4所示。

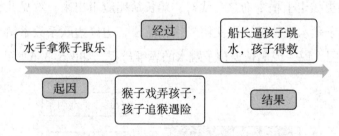

图5-3-4　已填写的《跳水》故事流程图

（4）小结：在一篇小说中，人物之间的联系，就叫情节。有情节，小说才好看。读一篇小说，应该从人物读起。

3. 关注变化，探寻遇险原因

（1）男孩为什么会走上横木处境危险呢？是什么让男孩一步步陷入绝境？默读1—4自然段，提取关键信息，完成学习任务单一，如图5-3-5所示。

是谁逼孩子上了最高横木？

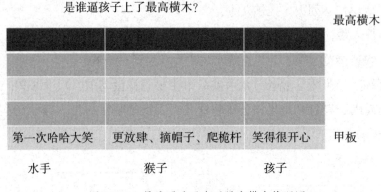

			最高横木
第一次哈哈大笑	更放肆、摘帽子、爬桅杆	笑得很开心	甲板
水手	猴子	孩子	

图5-3-5 是谁逼孩子上了最高横木推理图

（2）结合推理图，说一说孩子心态变化的原因。（水手的笑和猴子的顽皮）

（3）小结：水手的笑在故事情节中起到了推波助澜的作用，水手的笑也是促使孩子不顾一切去追猴子的原因。孩子的心情变化与水手、猴子的行为表现密切相关，三者共同推进故事情节的发展。

（4）作者又是怎样表现孩子身陷绝境的呢？

4. 还原思维，品悟跳水之妙

（1）当男孩走上横木命悬一线时，船长从船舱里出来，看见儿子，为什么用枪逼着儿子跳水呢？默读课文第5、6自然段，边读边联系故事情节和环境，结合思维导图，说一说船长逼孩子跳水的思维过程，如图5-3-6所示。

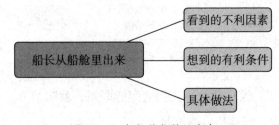

图5-3-6 船长从船舱里出来

（2）交流汇报：还原船长的思维过程。

（3）头脑风暴：船长的办法好在哪里呢？你们有更好的解决办法吗？

（4）小结：通过了解船长的思维过程，加深了对课文内容的理解，也发现船长用枪逼孩子跳水，在当时是最有效、最安全的解救孩子的办法。

5. 品读细节，感悟人物形象

（1）感悟船长形象。

① 危急时刻，船长的这一举动使孩子化险为夷，你看到了一个怎样的船长？那文章又是怎样刻画船长形象的呢？请大家再来看课文的第5自然段，说说你的理由。

② 交流、点拨：抓取文中对船长的言行进行描写的句子，看到了一个沉着机智的船长、当机立断的船长、经验丰富的船长。

（2）感悟水手形象。

预设1：从水手的"三笑"中看出水手的开心、放松。

预设2：从水手跳进了大海，四十秒钟救出孩子可看出水手的勇敢与水性好。

扑通一声，孩子像颗炮弹一样扎进了海里。二十来个勇敢的水手已经跳进了大海：四十秒钟——大家已经觉得时间太长了。等孩子一浮上来，水手们就立刻抓住了他，把他救上了甲板。

注意加点的部分，说一说自己的理解和类似的体验，再选择一种体验写一写。

（3）小结：虽然文章对船长着墨不多，但是他的形象却非常突出。这是一个有着丰富航海经验，遇事沉着冷静、处事机智的船长。他的沉着机智救了自己的孩子，瞬间迸发的思维火花异常美妙。

6. 延伸阅读，拓展思维训练

（1）列夫·托尔斯泰的笔下还有一位像船长这样勇敢智慧、沉着果断的人物，我们再来认识一下。

（2）快速默读《鲨鱼》这篇文章，边读边思考船长和炮手的思维过程有何异同？阅读后完成表格，见表5-3-21。

表5-3-21　船长和炮手的思维过程

文章（人物）	不同点		相同点
	情况	方法	
《跳水》船长			
《鲨鱼》炮手			

（3）交流点拨：通过比对，发现两个人都能根据具体情况，沉着应对，果断采取措施，让孩子脱险。

（4）推荐阅读：文学巨匠列夫·托尔斯泰写的《跳水》，文中没有一个"险"字，却为我们呈现了一个惊心动魄的故事。对关键人物船长的描写，结尾才出现，寥寥数语，却刻画出一个鲜活的人物形象。感兴趣的同学，可以读读《列夫·托尔斯泰短篇小说集》，继续感受大作家的魅力。

（五）编探险故事展现思维

本任务以"举办探险故事会，评选小小探险家，汇编探险故事集"这一任务情境为载体，让小小探险家丁丁带着大家一起去探险，带着同学们制订探险计划单、构思困境求生思维图、创想遇险片段。学生入情入境，经历提取信息、整理信息、表达信息的学习过程。

1. 创设探险情境，引出创编任务

（1）读探险故事，你有特别的感受吗？用一个词或者一句话来形容一下。

（2）最近，学校举办探险故事会，评选小小探险家，汇编探险故事文集，向全校征集探险文稿，我们也报名吧。这节课我们就来创编一个关于探险的故事，当一回小小探险家。

2. 制订探险计划，初步构思探险

（1）制订探险计划。

① 探险不等于冒险，我们可能会遇到种种困难，因此，在出发之前，我们必须做好周全的计划，请大家打开计划单，说说自己的探险计划。

"神奇的探险之旅"计划单

一、和谁一起去

你希望和谁一同去探险？从下面两列人物中各选一个，和你组成一支探险小队。

经验丰富的探险爱好者　　好奇心强、性格活泼的同学　　知识渊博的生物学家

胆子大但行事鲁莽的表哥　　见多识广的向导　　心细而胆小的妹妹

二、带上什么样的装备

如指南针、地图、饮用水和食物、药品、帐篷……

三、去的地方场景如何

茫茫大漠、热带雨林、海中荒岛、幽深洞穴、南极冰川……

四、可能遇到怎样的险情

遭遇猛兽、暴雨突袭、断水断粮、落石雪崩、突发疾病……经历可以记录在图5-3-7中。

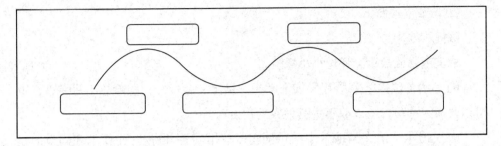

图5-3-7　险境流程图

②学生根据提示完成探险计划单，教师相机评价。

③交流分享探险计划单。

（2）初步构思探险。

①分享学习小伙伴丁丁的撒哈拉沙漠探险构思单。出示撒哈拉沙漠的视频，引导学生欣赏沙漠壮观场景，同时也是危机重重。

②小组合作，构思探险故事的基本提纲。

③交流汇报，教师点拨，注意各种要素的关联性，让"险情""场景""人物""装备"紧密结合，成为一个不可分割的整体。

3. 聚焦"遇险"情节，探究描述具体

（1）制订详细的探险计划可以帮助我们做好规划，但只是制订探险计划还不够，我们还要根据险情，想好对策，把"遇险"的经过写具体。

（2）自主阅读片段，探究《跳水》是怎样把遇到的困境、求生的方法写具体的？

（3）交流汇报，点拨：故事一波三折情节生动。一次次遇到困难，又一次次解决困难，故事具体生动。同时，通过对人物的语言、动作、心理等描写，使故事人物栩栩如生。

板书：表现险境+求生方法+心情变化。

4. 展开合理想象，具体描述"遇险"

（1）学生设计自己的困境求生思维导图，展开合理想象，具体描述"遇险"，教师巡视。

（2）出示评价要点，学生评价，教师点评。

①困境更惊险，求生更神奇。

②情节更加曲折。

③心情起伏更大。

5. 完善探险故事，评选小小探险家

（1）请各位探险家给片段加上开头、结尾、题目，把探险故事写完整，也可以改换人称写，或以故事中其他人的角度写。

（2）出示"语文园地"中的"词句段运用3"，根据写作要求和同学的建议，学习运用修改符号，进行修改完善探险故事。并开展"评选小小探险家"活动，评价要点见表5-3-22。

表5-3-22　复述评价卡

评价要点	智慧指数
能根据题目选择适合的人物组合	👍
能按照事情发展顺序写探险故事	👍
能把遇到的困境、求生方法写具体	👍
能写出人物的心情变化	👍
能运用修改符号修改完善故事	👍

（3）小结：我们在探险的过程中展开了丰富合理的想象，通过探险计划单、困境求生思维图把遇到的困境、求生的方法、心情的变化都写出来了，写的时候还关注到了环境描写、人物描写，抓住了细节，也将心情起伏融入进去。

（本案例由东莞市大朗镇中心小学李凤菊设计）

第六章
拓展型学习任务群1：
整本书阅读

　　整本书阅读是我国语文教育的优秀传统。从语文课程设置以来，教学大纲、课程标准大都提及了整本书阅读。旧课标鼓励学生"多读书，好读书，读好书，读整本的书"，并在第四学段提出了具体要求和阅读建议。新课标在此基础上，将整本书阅读作为课程内容（六大学习任务群之一），独立呈现，并对学习内容和教学提示有了具体的建议。可见，整本书阅读的重要性，不但要让学生把握全书主要环节，有计划完整地阅读完一本书，还倡导学生在教师的引导下，掌握各种阅读方法，养成阅读习惯，提供阅读实效，积淀精神文化底蕴。

第一节　价值与内容

　　"整本书阅读"作为语文课程的六大学习任务群之一，是构成语文课程内容的重要组成部分，对发展学生的核心素养起到重要的作用。"整本书阅读"作为拓展型学习任务群，在学习资源上与统编教材不同：一是整本书阅读内容多、字数多，导致教学时间长，比较难把握；二是整本书蕴含的思想感情丰厚，人物众多，故事情节繁杂，与学生生活实际存在一定的时空距离，理解起来比较困难；三是整本书的语言具有鲜明的时代特征、作者个性特征，容易导致理解上的困难。因此，新课标对本学习任务群明确指出："本学习任务群旨在引导学生在语文实践活动中，根据阅读目的和兴趣选择合适的图书，制订阅读计划，综合运用多种方法阅读整本书；借助多种方式分享阅读心得，交流研讨阅读中的问题，积累整本书阅读经验，养成良好阅读习惯，提升整体认知能力，丰富精神世界。"

　　由上述表述可以看出，"整本书阅读"学习任务群的主要价值和定位体现在以下几个方面：

一、课程价值：培养终身阅读的国民

（一）有助于学生掌握阅读整本书的方法

　　根据上面的总述可知，首先，整本书阅读要"根据阅读目的和兴趣选择合适的图书，制订阅读计划"，学会有步骤、有规划地阅读一本书，强调学生对全书主要环节的把握。其次，倡导学生在语文实践活动中，在教师的引导下，"综合运用多种方法阅读整本书"，自主探索和总结适合自己的阅读方法，提高整本书的阅读效率。再次，"借助多种方式分享阅读心得，交流研讨阅读中的问题，积累整本书阅读经验"，重视学生积累阅读经验，在多样的分享和交流活动中提升阅读能力，学会将一本书的阅读经验迁移运用到其他书的阅读过程中。最后，"养成良好阅读习惯，提升整体认知能力，丰富精神世界"，突出整本书阅读的精神建构和价值引领功能，引导学生在阅读过程中积淀文化，丰富内心世界。

（二）有助于不同层面培养学生的核心素养

"整本书阅读"和其他学习任务群一样，要在语文实践活动中进行，以动态的方式来处理整本书的内容。以阅读能力为基础的学生核心素养发展是整本书阅读的目标和最终目的。"整本书阅读"学习任务群将识字与写字、阅读与鉴赏、表达与交流、梳理与探究融合在一起，为其他学习任务群提供了广阔的实践天地，能够从不同层面培养学生的核心素养。

1. 从实践活动层面看

整本书阅读包含阅读、讨论、探究、演讲、写作等多种学习活动，引导学生学习发现、思考、探究问题的思路和方法，持续提升学生运用语言文字积累解决现实问题的能力。

2. 从阅读策略层面看

整本书阅读有助于学生迁移运用在单篇阅读中习得的浏览、略读、精读等阅读方法，同时进一步探索特殊阅读方法的运用，如圈点、批注、提问、分享、评论等。

3. 从培养能力层面看

整本书阅读不仅培养学生提取信息、整合解释、梳理探究、反思评价等多方面的阅读能力，还可以积累知识，积累语言经验，体会语言文字的特点和运用规律，培养语言文字运用能力。同时，整本书阅读还可以发展思维能力，提升思维品质、审美创造、合作交流等关键能力。

4. 从文化熏陶层面看

整本书阅读使学生能够通过感受、理解、欣赏、评价语言文字及作品，感受语言文字及作品的独特价值，拓宽文化视野，认识中华文化的丰厚博大，汲取智慧，弘扬社会主义先进文化、革命文化、中华优秀传统文化，建立文化自信，有助于丰厚学生的文化内涵，促进学生的精神成长。

（三）有助于学生养成终身阅读的习惯

整本书阅读的终极目的，在于培养学生终身阅读的习惯。要养成终身阅读的习惯，一要"鼓励自主阅读、自由表达；倡导少做题、多读书、好读书、读好书、读整本书，注重阅读引导，培养读书兴趣，提高读书品位"；二要在老师的指导下，选择合适的方式来阅读经典的书籍，制订阅读计划，综合应用多种阅读方法阅读整部经典作品，借助多种方式分享阅读心得，交流研讨阅读中的问题，积累整本书阅读的经验，养成良好的阅读习惯，提高整体认知能力，扩大阅读视野，提升思维品质，丰富精神世界，从而使学生成为真正的积极的阅读者。

二、课程内容：发展学生整体阅读素养

新课标秉承旧课标倡导读书为要的基本精神，将整本书阅读作为正式的课程内容呈现，凸显了整本书阅读的重要地位。同时，按照四个学段呈现具体要求，科学、系统地设计了学习内容，体现了语文课程内容改革的继承与发展。下面以小学的三个学段进行梳理，见表6-1-1。

表6-1-1　小学三个学段的学习梳理

学段	学习内容	学习方式	学习要求
第一学段	1.富有童趣的图画书等浅易的读物。 2.优秀的儿歌集。 3.自己喜欢的童话书	1.阅读、体会。 2.阅读、朗读、感受。 3.阅读、想象、学习讲述	1.体会读书的快乐。 2.感受儿歌的韵味和童趣。 3.想象故事中的画面，学习讲述书中的故事
第二学段	1.英雄模范事迹的图书，如《小英雄雨来》《雷锋的故事》等。 2.儿童文学名著，如《稻草人》《爱的教育》等。 3.中国古今寓言、中国神话传说等	1.阅读、讲述。 2.阅读、学习、分享（口头或书面）	1.讲述英雄模范的动人故事。 2.感受作品传达的真善美，用自己喜欢的方式讲述故事大意。 3.学习其中蕴含的中华智慧，口头或书面分享自己获得的启示
第三学段	1.反映革命传统的作品，如《可爱的中国》《小兵张嘎》《闪闪的红星》等。 2.文学、科普、科幻等方面的优秀作品。 3.小学阶段的阅读生活	1.阅读、讲述。 2.阅读、梳理、交流。 3.梳理、反思、分享（口头或书面）	1.讲述自己感受到的家国情怀和爱国精神。 2.学习梳理作品的基本内容，针对作品中感兴趣的话题展开交流。 3.梳理、反思小学阶段的阅读生活，运用口头或书面的方式，与同学分享自己整本书阅读的经历、体会阅读方法

从表6-1-1可以发现"整本书阅读"学习任务群三个学段的内容与要求，有如下四大特点：

（一）遵循学生的认知特点与阅读规律，呈现出螺旋式上升的层次性与递进性

以新课标提出的三个学段的课程目标、学习内容、课程内容为指向，概括出三个学段的读物，如由第一学段图画书的图文并茂到第二学段的儿童文学，再到第三学段的经典作品，整体呈现由易到难、由浅入深的进阶变化。

（二）重视研读革命文学作品，形成正确的价值取向

整本书阅读中革命文学作品研读在第二、三学段均占有较大比重。例如，第二学段要求学生阅读表现英雄模范事迹的图书，如《小英雄雨来》《雷锋的故事》等，讲述英雄模范的动人故事。第三学段要求学生阅读反映革命传统的作品，如《可爱的中国》《小兵张嘎》《闪闪的红星》等，讲述自己感受到的家国情怀和爱国精神。新课标突出革命文学作品的地位，意在引导学生通过阅读革命英雄、仁人志士的故事和作品，感受革命文化的精神内核，从中汲取艰苦奋斗、奋勇拼搏的力量，获得家国情怀、爱国精神的熏陶，形成正确的价值取向，促进精神成长。

（三）学习运用多种阅读方法，养成独立阅读能力和阅读习惯

学会运用多种阅读方法，具有独立阅读能力，养成终身阅读的习惯是课程总目标中明确提出的要求。从表6-1-1可以发现整本书阅读除了引导学生在阅读实践中学会运用浏览、略读、精读、圈点、勾画、批注等阅读方法之外，还对学段目标中要求的阅读方法进行了分解和阐释。

第一学段：要求学生体会读书的快乐；感受儿歌的韵味和童趣；想象故事中的画面，学习讲述书中的故事。

第二学段：要求学生讲述英雄模范的动人故事；感受作品传达的真善美，用自己喜欢的方式讲述故事大意；学习其中蕴含的中华智慧，口头或者书面分享自己获得的启示。

第三学段：要求学生讲述自己感受到的家国情怀和爱国精神；学习梳理作品的基本内容，针对作品中感兴趣的话题展开交流；梳理、反思小学阶段的阅读生活，运用口头或书面方式，与同学分享自己整本书阅读的经历、体会和阅读方法。

从这些要求中，我们可以发现新课标建构了整本书阅读的方法体系，体会、感受、讲述、分享、评析、梳理、交流、研讨等阅读方法渗透在各学段学习过程的始终，特别重视培养学生的独立阅读能力，引导学生综合运用多种方法解决阅读过程中遇到的现实问题，逐步养成良好的阅读习惯，为终身阅读奠基。

（四）开展各类阅读活动，促进学生积极主动地分享与交流

新课标在三个学段的学习内容，都强调整本书阅读以学生自主阅读活动为主，积极主动参与阅读活动，分享阅读收获，交流阅读体验，培养学生的整体阅读素养。例如，

第一学段：要求学生阅读自己喜欢的童话书，想象故事中的画面，学习讲述书中的故事，体会读书的快乐。

第二学段：要求学生主动和同学分享自己的阅读感受，用自己喜欢的方式讲述故事大意，口头或书面分享自己获得的启示。

第三学段：要求学生阅读整本书，把握文本的主要内容，学习梳理作品的基本内容，针对作品中感兴趣的话题展开交流，积极向同学推荐并说明理由。

第二节　实施建议

　　"整本书阅读"作为拓展型学习任务群之一，在扩大学生阅读空间、养成终身阅读习惯、提升阅读思维品质、发展整体阅读素养上，发挥着独特而重要的作用。统编教材以课内一篇链接整本、和大人一起读、"快乐读书吧"栏目设置等形式将整本书纳入课程体系。目的在于搭建平台，引导学生逐步由识字到阅读单篇，再过渡到阅读整本书，逐步提升阅读能力、阅读视域，促进阅读习惯的养成。但在整本书阅读教学实践中，很多教师存在着导读多，指导少；任务多，监控少；短期尝试多，长期规划少等问题，导致教学效果不尽如人意，学生的阅读习惯难以养成。根据存在问题和新课标本学习任务群的"教学提示"，可以采用"四导一体"的教学策略，从导趣·导读·导赏·导延四个维度出发构建整本书阅读教学，以学生为主体，从单元整体教学出发，充分发挥整本书阅读教学的价值，让整本书阅读学习任务群有效开展。下面以五年级下册第二单元"中国古典名著"阅读教学为例进行具体阐述。

一、导趣：巧用资源，创设情境

　　本单元语文要素是"初步学习阅读古典名著的方法"，"学习写读后感"，编排了《草船借箭》《景阳冈》《猴王出世》《红楼春趣》四篇课文，以及"口语交际"、"习作"、"语文园地"、"快乐读书吧"（推荐阅读四大名著）等多项教学内容。整个单元是由精读、略读和整本书课外阅读"三位一体"组成，课内外相结合，整体推进学生阅读，引领学生迁移运用方法从课内走向课外。古典名著是长篇小说，情节复杂，人物众多，语言难懂，对于小学生来说是一个挑战，需要教师创设阅读情境，借助绘本、影视、插图等资源，激发学生阅读经典文学的兴趣。

（一）创设阅读情境，生兴趣

根据单元学习目标、学生身心特点和读本特点，以学校读书节活动为契机，以阅读《西游记》为切入口，结合学校即将举办的"读书节"，创设"探秘神魔世界，演绎西游故事"任务情境，带领学生赴一场西游之旅，探寻神魔世界主题内涵，多角度地感受西天取经是如何流淌于中华文化肌体之中的。

（二）巧用教材资源，生乐趣

"学习最大的动力是对学习材料的兴趣。"教师在教学中巧借课文插图、课后链接、课外资源这些有效媒介，引领学生掀开经典文学的篇章。

1. 借助插图引文，感受趣

为激发学生阅读兴趣，教材安排了一组精美的图解：诸葛亮笑坐草船借箭；武松景阳冈打猛虎；水帘洞猴子拜石猴为王；大观园少年少女趣放风筝。导读课上，可借助这些色彩艳丽的插图，不仅使学生初步感受到古典名著的趣味性和艺术性，还有助于学生了解名著和理解节选片段，消除阅读的"恐慌"。

2. 拓展链接阅读，产生趣

古典名著原文版本难度大，为了降低学生学习古典小说的难度，教材遵循学生的认知规律，由易到难地进行编排，第一篇《草船借箭》采用了现代文版本，在"阅读链接"中安排了原文片段，学生通过现代文与原文的对比阅读，消除畏难情绪，对阅读原文产生期许。

（三）补充课外资源，生情趣

课文学习后，教师补充、整合课外资源，让学生进一步了解故事人物，深入理解故事的发展变化，生发一种探究故事结局的情趣。

1. 借助背景资料增趣

四大古典名著文学表达形式多样，不仅出现大量的古诗文、俗语、典故，还表现很多历史背景和历史常识。五年级学生没有系统学习历史、地理知识，对历史的发展进程不了解，阅读中国古典名著就显得吃力。如《三国演义》开篇就是东汉末年的政权更替，学生不了解历史背景，就很难产生阅读的兴趣。但教学时可以采用唱一唱历史朝代歌谣，讲一讲历史典故，读一读背景资料等教学手段，就容易帮助学生更好地走进文本、理解文学作品。

2. 观看精彩视频燃趣

在学习课文时，教师采取课文与影视剧精彩片段相结合的方式，能有效激发学生阅读全书的欲望。学习《景阳冈》时，播放"武松打虎"微视频，让学生感受到武松勇敢机智的英雄形象，激发探究108条好汉的欲望；学习《猴王出世》时，播放电视剧《西游记》相关片段；学习《红楼春趣》时，播放宝玉、黛玉、宝钗等人在大观园放风筝微视频，既有助于帮助学生快速理解内容，又激发了学生阅读整本书的兴趣。

二、导读：整体规划，掌握方法

通过本单元课文的学习，学生初步获得古典名著阅读的方法，缓解了学生的畏难情绪，让阅读更顺畅。导读课的任务，除了激发兴趣，更重要的是整体规划，掌握阅读方法，制订阅读计划。

（一）整体规划，明阅读任务

整本书字数多，内容繁杂，阅读时间长，学生比较难坚持阅读，需要整体规划循序渐进地推进整本书阅读，提高阅读效率。见表6-2-1。

表6-2-1　《西游记》整本书阅读学习任务整体规划表

生活情境	主题任务	子任务	阅读活动
赴一场奇幻的西游之旅	探秘神魔世界，演绎西游故事	走进奇幻的神魔世界	1.创设情境导入，激发阅读兴趣。 2.学习阅读策略，降低阅读难度。 3.片段阅读体验，示范阅读实践。 4.制订阅读计划，开启阅读之旅
		探秘西游八十一难	1.根据信息猜西游故事。 2.绘制"西游取经通关图"。 3.思辨讨论西游主题。 4.探秘西游故事结构
		共话西游取经团队	1.游戏闯关，猜猜西游人物。 2.聚焦悟空，品悟悟空成长。 3.探究团队，领悟人生修行。 4."对话"自己，唤醒自身成长
		演绎西游取经故事	1.西游故事我会排。 2.西游故事我会画。 3.西游故事我会讲。 4.西游故事我会演。 5.西游歌曲我会唱

（二）指导方法，知阅读方法

《西游记》的整本书阅读导读学法指导构架图，如图6-2-1所示。

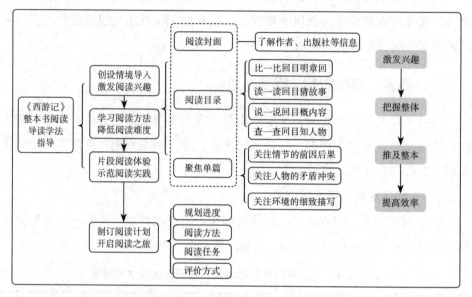

图6-2-1　《西游记》整本书阅读导读学法指导构架图

1. 阅读封面，了解书籍信息

图书封面包含丰富的书籍信息，是开启阅读的一把钥匙。引导学生阅读封面，可以了解书名、作者、出版社等基本信息，掌握观察封面方法，产生阅读经典文学的兴趣。

2. 阅读目录，把握整体内容

四大古典名著都是章回体小说，每个回目的故事都相对独立，前后勾连，首尾相接，使全书形成一个统一整体。回目结构大部分采取"人物+情节"或"事件+人物+情节"的方式拟题。每个回目开头往往以"话说""且说"等总起叙述，结尾又以"欲知后事如何，且听下文分解"之类结束本回故事。引导学生通过比一比、读一读、说一说、查一查回目的方式，发现章回体小说回目的特点，快速整体把握全书内容。

（三）聚焦单篇，习阅读方法

整本书阅读，量大、耗时，目录入手把握整体后，正文部分的阅读需要更进一步的方法指导。《西游记》导读课上，重点研读《孙悟空三打白骨精》，让学生掌握各种阅读方法，再推及应用到整本书的阅读。

1. 关注情节的前因后果

故事离不开叙述的六要素，经典的情节往往线索清晰、一波三折。如能紧扣关键，抓住主线，故事情节的梳理就变得简明而又清晰，同时也提炼了故事的结构特点——一波三折。如《孙悟空三打白骨精》的故事情节就是按照"起因—经过（一变一打、二变二打、三变三打）—结果"来写作的。

2. 关注人物的矛盾冲突

小说情节的发展，离不开人物之间因观点不和或利益相争所发生的矛盾冲突。抓住矛盾冲突进行梳理，可以让人物关系更清晰、人物性格更突显、情节脉络更明朗。例如，《三打白骨精》中，白骨精三骗唐僧，因猪八戒三挑唆唐僧，猪八戒三不忿孙悟空，导致唐僧三责孙悟空，孙悟空三打白骨精。

3. 关注环境的细节描写

环境描写是小说三要素之一，作用非常大，既可以渲染故事气氛，推动故事情节发展，又能够烘托故事人物形象，揭示故事主题。如《孙悟空三打白骨精》这个故事开头的环境描写，就描述了环境的险恶，渲染了妖怪出现的氛围，为白骨精的出现做了铺垫，预示着唐僧师徒将面临又一次劫难，惊险的故事即将发生。

除了通过聚焦单篇掌握"三要素阅读法"，还可以温习课内阅读古典名著的方法，比如：猜读法、跳读法、借助资料了解法等，从"篇"到"本"梯度推进。

（四）制订计划，提高阅读效率

制订耐力阅读挑战计划有助于提高阅读效率。计划内容一般包括规划进度、阅读方法、阅读任务、评价方式等，为学生提供阅读方法和梳理支架，引导学生按照阅读计划静下心去阅读经典名著，感受名著的魅力。

例如，《西游记》阅读计划导语和阅读计划表。见表6-2-2。

表6-2-2　《西游记》耐力阅读挑战计划表

阅读时间	阅读章节	主要人物	人物评价	主要事情	最吸引人的地方

三、导赏：实践活动，鉴赏交流

叶圣陶先生曾提出："把整本书作主体，把单篇短章作辅佐。"整本书阅读靠的是课内习得方法，在课外阅读中实践应用。因此，读书实践活动是推动整本书阅读，提高阅读效率，促进学生梳理故事情节，感受人物精神品质，丰富内心体验，感受文学魅力的重要环节。

（一）绘制取经通关图，探秘西游八十一难

《西游记》情节曲折，漫漫取经路，师徒四人，一路披荆斩棘。一个个扣人心弦的故事发生了，历经九九八十一难。在阅读推进课中开展"探秘西游八十一难"的阅读活动：根据信息猜西游故事—绘制"西游取经通关图"—思辨讨论西游主题—探秘西游故事结构，让学生清晰再现唐僧师徒取经的艰难历程，达到阅读可视化的效果，既可以帮助学生结构化、整体化地把握全书内容，又有助于学生深入阅读，感悟西天取经之精神，同时也是自身心路成长的过程。

（二）设置主题活动，共话西游取经团队

名著中人物众多，关系复杂，学生极易混淆，引导学生画人物思维导图，厘清人物关系。在此基础上，以"共话西游取经团队，赢取通关文牒"这一任务情境为载体，设置四个实践活动：游戏闯关，猜猜西游人物——聚焦悟空，品悟悟空成长—探究团队，领悟人生修行—"对话"自己，唤醒自身成长。让学生在游戏闯关中检测阅读效果，在品读中感受到孙悟空一路修行，一路成长的过程；在探究中领悟到团队合作共赢和历经磨难成长的启示；在对话中感悟人物形象，师生共同成长。

（三）展读书成果，演绎西游取经成果

为了增强阅读效能，展现阅读收获，分享阅读快乐。教师在阅读分享课中设置"西游之旅展演厅，做阅读推广人"的任务情境，巧妙整合资源，将各种媒介巧妙运用，让学生由读到写，由演到展，多种形式展示阅读收获，体验阅读带来的乐趣，提升整体认知能力，丰富精神世界。

1. 文画整合，西游故事我会画

选择自己喜欢的人物或故事画下来，或绘制取经路线图、经典故事连环画、故事人物画像等作品展示，一起走进中国古典名著文化长廊，分享读书成果。

2. 讲、演整合，西游故事我会讲、演

选择自己喜欢的故事进行讲述，或者和好伙伴把故事改成课本剧演一演，这样学生不但能够加深对故事内容的理解，促进对细节描写的重视，同时也对名著中那些英雄人物、英雄事迹有更深层次的认识和感悟，感受到阅读古典名著的乐趣。

3. 读写整合，西游故事我会写

如仿写精彩片段、撰写读后感或推荐词、创编西游故事、评说故事人物等，培养学生的梳理与探究，阅读与鉴赏、表达与交流等关键能力。

4. 记唱整合，西游歌曲我会写

既可摘抄、背诵《西游记》俗语、典故、精彩片段积累语言，丰富表达，又可传唱《西游记》主题曲，借助故事创编歌词，激活创新能力。

四、导延：关注评价，拓展延伸

大单元整体规划下的整本书阅读教学除了重导趣、导读、导赏之外，还需要做到教—学—读—评一致性。及时多元的评价，有助于学生保持持久的阅读兴趣，体验到阅读的快乐。新课标强调要关注整本书阅读的阶段性评价和表现性，通过游戏闯关、知识检测、读书作品展等实践活动，通过自评、他评、师评、星级、获取通关文牒等多维度的评价方式，引导学生持续保持阅读热情，从而提高整本书阅读的品质。评价表见表6-2-3。

表6-2-3　《西游记》作业总结性评价表

学科素养	作业型与情景	闯关名称	星级评价	作业总评
习惯的培养与实践	基础性作业：玩转知识乐园	第一关：KWM知多少	☆ ☆ ☆ ☆ ☆	通过努力，本次我获得了（　　）☆。我会继续努力的！
		第二关：记忆力大比拼	☆ ☆ ☆ ☆ ☆	
		第三关：理人物关系网	☆ ☆ ☆ ☆ ☆	
思维的发展与提升	发展性作业：勇闯名著之旅	挑战一：智绘人物卡片	☆ ☆ ☆ ☆ ☆	
		挑战二：巧品人物语言	☆ ☆ ☆ ☆ ☆	
		挑战三：悦彩绘连环画	☆ ☆ ☆ ☆ ☆	
		挑战四：妙语评价人物	☆ ☆ ☆ ☆ ☆	

学科素养	作业型与情景	闯关名称	星级评价	作业总评
审美的鉴赏和创造文化的传承与理解	拓展性作业：争做名著小达人	任务一：我是小歌星	☆☆☆☆☆	
		任务二：我是说书人	☆☆☆☆☆	
		任务三：我是小画家	☆☆☆☆☆	
		任务四：我是小演员	☆☆☆☆☆	
		任务五：我是小编剧	☆☆☆☆☆	

　　课内是有限的，精彩更在课外。教学中，注意引导学生通过这一本书阅读，迁移运用阅读方法阅读多本书。本单元"快乐读书吧"，除了重点推荐阅读《西游记》，还推荐《三国演义》《水浒传》《红楼梦》三本古典名著。这三本都是章回体小说，文本和语言特点上有相似性，便于学生迁移运用阅读名著的方法，达成由"一本"通"一类"的效果。

　　总之，整本书阅读需要在单元整体的基础上，遵循学情特征，以学生为主体，整体规划，以导趣为起点，以导读为路径，以导赏和导延为追求，循序渐进地将阅读活动推向深入，助推整本书阅读学习任务群有效实施。

第三节　实施案例

❖ 案例1：走进童话王国，争做童话大王 ❖
——二年级整本书阅读《小鲤鱼跳龙门》教学设计

【学习内容】

1. 课内学习资源：《小蝌蚪找妈妈》《我是什么》《植物妈妈有办法》三篇课文，以及"口语交际：有趣的动物""语文园地一"和"快乐读书吧"等。

2. 课外学习资源：《小鲤鱼跳龙门》。

【学习目标】

基于新课标的理念及单元语文要素、学情的分析，以"童话润童心"为核心，制订以下学习目标：

1. 了解封面、书名、目录、作者等基本信息，掌握观察封面、阅读目录、预测故事内容等阅读童话故事的方法，产生阅读童话故事的兴趣。

2. 自主阅读喜欢的童话书，想象故事中的画面，了解故事的主要内容，猜想童话中的故事情节，分享童话故事的有趣片段，读懂童话中蕴含的道理。

3. 学习借助多种方法讲述书中的故事，享受阅读童话的乐趣。

4. 利用读书卡掌握动词、关注动词，有条理地将自己感兴趣的内容分享给大家，体会阅读的快乐。

5. 初步养成制订阅读计划和爱护图书的好习惯。

【任务情境】

亲爱的同学们，一年一度的读书节很快就要到了，学校举办"童话故事会"比赛评选童话大王。我们班承担《小鲤鱼跳龙门》童话故事讲演节目。我们将选派10名童话大王代表班级参赛。希望其他班级的同学看了你们的表演，也愿意打开这本书来读一读。

从今天开始，让我们一起走进奇妙的童话王国吧。

为了成为一名童话大王，请同学们做好如下学习准备：

1. 按计划认真阅读童话故事《小鲤鱼跳龙门》。

2. 阅读速度快的同学，还可以阅读《"歪脑袋"木头桩》《孤独的小螃蟹》《小狗的小房子》《一只想飞的猫》，观看童话故事方面的影视作品。

【学习规划】

"走进童话王国，争做童话大王"的学习规划，见表6-3-1。

表6-3-1　"走进童话王国，争做童话大王"学习规划

生活情境	主题	任务	学习活动	课时安排	对应目标与要素
走进童话王国，争做童话大王	走进童话王国，争做童话大王	（一）童话故事我会读	1.封面寻宝，知书籍信息。 2.你读我猜，习阅读方法。 3.爱书卫士，知爱护书籍。 4.制订计划，读验证预测	1课时	积累并运用表示动作的词语，借助图片和关键的句子讲一讲故事
		（二）童话故事我会讲	1.根据图片猜故事。 2.根据插图预测故事。 3.根据路线图讲故事。 4.展开想象创编故事	1课时	
		（三）童话故事我会展	1.我是小小配音员。 2.我是小小采蜜员。 3.我是小连环画家员。 4.我是小小表演家	1课时	能乐于分享阅读，体验阅读的快乐

【学习过程】

（一）童话故事我会读

本任务以"童话故事我会读，争当童话阅读之星"这一任务情境为载体，

开展整本书阅读导读课，以了解一本书基本信息为切入口，借助书本中丰富有趣的插画，学生在猜、读的过程中感受故事的神奇有趣，产生对阅读整本书的兴趣。

1. 创设情境，激趣导入

（1）出示著名的儿童文学家金近爷爷故乡的学校相关图片：各种童话人物、学生上童话课、看童话剧、跳童话舞的图片，激发学生学习兴趣。

（2）一年一度的读书节很快就要到了，学校将举办"童话故事剧场"比赛，评选童话大王。我们班承担金近爷爷写的《小鲤鱼跳龙门》童话故事讲演节目，将选派10名童话大王代表班级参赛。这节课，我们就一起走进童话王国，勇闯三关就可以成为"童话阅读之星"哦。

2. 闯关游戏，习阅读方法

（1）封面寻宝，知书籍信息。

（2）你读我猜，习阅读方法。

① 读书名，猜内容。

② 读目录，猜内容。

A.《小鲤鱼跳龙门》这本书由不同的故事组成，这些故事名称都在目录中呈现了出来，见表6-3-2。

表6-3-2　《小鲤鱼跳龙门》故事名称

问题	我的预测	预测理由
小鲤鱼们为什么要跳龙门？	小鲤鱼们是在比跳高	小鲤鱼们跟我们小朋友一样，喜欢跟朋友比赛

B. 学生根据目录大胆预测，猜想故事内容，激发学生的阅读兴趣。

③ 读片段，猜情节。

A. 小鲤鱼为什么要去跳龙门呢？故事的起因，还得从鲤鱼奶奶说起，让我们一起去听鲤鱼奶奶讲故事吧。

听老一辈的鲤鱼说，世界上有一个龙门，矗立在大海和大河交界的地方。那龙门特别特别高，要是鲤鱼能从这边跳过那个龙门，就能变成一条龙，像云彩一样游到天上去。你们的爷爷，还有爷爷的爷爷，都去试着跳过那个龙门，可是谁也没有跳过去……

B. 猜一猜：鲤鱼奶奶口中的那个谁也没跳过去的龙门，真的存在吗？小鲤鱼们真的能够跳过去吗？奶奶的故事中的龙门到底是什么样的？

C. 猜一猜：小鲤鱼还有什么问题要问鲤鱼奶奶？

D. 猜一猜：小鲤鱼去寻找龙门的路上遇到了什么困难？它们真的可以一跃成龙吗？

（3）小结：阅读方法。

看封面，识作者；读题目，猜内容；

看插图，猜人物；看目录，找页码；

读情节，猜结果；乐分享，爱读书。

3. 制订计划，阅读验证预测

（1）制订阅读计划就可以帮助我们坚持阅读，做一个阅读之星。

（2）制订"童话大王"阅读计划，见表6-3-3。

表6-3-3　"童话大王"阅读计划

日期	故事题目	阅读用时	喜欢级别（填涂）	预测准确级别（填涂）
			☆ ☆ ☆ ☆ ☆	☆ ☆ ☆ ☆ ☆
			☆ ☆ ☆ ☆ ☆	☆ ☆ ☆ ☆ ☆
			☆ ☆ ☆ ☆ ☆	☆ ☆ ☆ ☆ ☆
			☆ ☆ ☆ ☆ ☆	☆ ☆ ☆ ☆ ☆
			☆ ☆ ☆ ☆ ☆	☆ ☆ ☆ ☆ ☆
			☆ ☆ ☆ ☆ ☆	☆ ☆ ☆ ☆ ☆

（3）同学们，读一篇童话故事和读整本书的方法是一样的，希望大家带着"猜读"这把金钥匙，打开童话故事之门，按照阅读计划，开启一场童话之旅吧。

（二）童话故事我会讲

本任务以"童话故事我会讲，争当童话小能手"这一任务情境为载体，开展整本书阅读推进活动，根据关键信息或借助插图梳理故事内容，提升复述能力，从故事中受到启发，感受文学经典的美好，体会阅读的乐趣。

邀请函

亲爱的小朋友：

　　我是你们的朋友小鲤鱼，听说你们已经阅读完《小鲤鱼跳龙门》这本书，相信你们一定有很多阅读成果需要展示吧。现在童话王国正举行"童话故事分享会"呢。赶快来参加吧。如果闯关成功，就能被评选为"童话大王"，赢取神秘礼物哦。

童话王国故事组委会

2023年3月

1. 创设情境，激发兴趣

（1）同学们，昨天老师收到一份神秘的邀请函，是什么呢？我们一起来看看。

（2）小鲤鱼在等我们了，我们马上开始闯关吧。

2. 游戏闯关，复述故事

（1）根据图片猜故事情节。

第一张图，美丽的小村庄。

① 你看到了什么？出示：燕子在麦田上像箭一样的低低掠过，一下子又飞得很高。

② 你会学着大作家用"……像……一样……"来说一句话吗？

③ 每出示一张图，让学生说说每幅画上的内容。

第二张图：小鲤鱼听奶奶讲故事。

第三张图：小鲤鱼游过了一条大河。

第四张图：它们穿过了一片水草。

第五张图：它们经过了一座大铁桥。

第六张图：最后它们跳过了龙门。

（2）根据插图预测故事。

① 小鲤鱼在寻找龙门、跳龙门的过程中遇到什么困难呢？

② 大胆想象预测故事情节。

（3）根据路线图复述故事。

① 同学们，你们看到的这些插图，不正是小鲤鱼追梦之旅吗？你们看到一群什么样的小鲤鱼？见表6-3-4。

表6-3-4　小鲤鱼追梦之旅

场景	表现
美丽的小山村	领头的小鲤鱼召唤同伴看它跳桥
小河里	小鲤鱼听奶奶讲故事
大河里	金色小鲤鱼带领大家寻找龙门
大河里	小鲤鱼们遇上大螃蟹、火车、大鱼，仍不放弃
龙门旁	鲤鱼们齐心协力跳过龙门
龙门的那一边	请燕子给奶奶和爸爸妈妈捎信

②组织学生交流：为了梦想，不畏艰险，勇往直前，最终到达"龙门"。

③从已读的故事中选择一个，借助路线图、插图和关键信息，把故事讲给组员听。

讲故事：能够借助路线图、插图和关键信息讲述故事内容，声音响亮。

听故事：认真倾听，边听边回忆故事内容，可适当补充。

（4）展开想象编故事：小鲤鱼除了跳龙门的故事，还会有什么故事发生呢？

3. 总结收获，拓展延伸

（1）小鲤鱼为什么要跳龙门？你有什么收获？

点示：每个人都应该有自己的梦想，为了梦想，克服困难，最终就能达成。

（2）布置阅读任务：继续按照阅读计划表阅读，下节课我们开展阅读分享展示会，评选童话大王。

①喜欢积累的同学，可以找出书中的好词佳句抄写到采蜜本上。

②喜欢朗读的同学，可以选择一个片段练习朗读。

③喜欢画画的同学，可以选择自己喜欢的一个故事画一幅连环画。

④喜欢表演的同学，可以选择一个大家都喜欢的故事，找好伙伴一起来演一演。

（三）童话故事我会展

本任务以"童话故事我会展，争当童话大王"这一任务情境为载体，开展整本书阅读分享活动，品析书中的好词佳句，乐于与大家分享阅读成果，体会阅读的乐趣。

1. 创设情境，激发兴趣

（1）同学们，昨天老师又收到了小鲤鱼的邀请函，是什么呢？我们一起来看看。

（2）童话故事分享会开始了，我们马上开始闯关吧。

2. 闯关游戏，分享成果

（1）我是小小配音员：书中的精彩对话，开展"小小配音员"分角色读故事活动。

（2）我是小小采蜜员：学生上台展示自己的采蜜本。

（3）我是小小连环画家：学生上台展示自己画的故事连环画。

（4）我是小小表演家：选该书中自己最喜欢的童话故事，找小伙伴一起来分角色把故事演一演。

3. 拓展阅读，拓展延伸

（1）童话故事我知道：看到书名，你知道故事中的主人公会有怎样的奇遇吗？让我们一起来猜一猜。

（2）童话故事我来读：选择两本童话故事阅读。

（3）童话故事我推荐：我读过很多童话故事书，有《_____》《_____》《_____》等，其中，我最喜欢的故事是《_____》，因为_____，我要把这本书推荐给我的好朋友。

（本案例由东莞市大朗镇中心小学李凤菊设计）

❖ 案例2：撒播神话种子，传承民族精神 ❖

——四年级整本书阅读《中国神话传说》教学设计

【学习内容】

课内学习资源：《羿射九日》、《盘古开天地》、《精卫填海》、《女娲补天》、《普罗米修斯》、四年级语文上册"快乐读书吧"推荐的书目。

【学习目标】

1. 制订阅读计划，产生阅读神话故事的兴趣，尝试使用阅读方法阅读神话故事，推进学生自主阅读相关作品。

2. 感受神话中神奇的想象和鲜明的人物形象。学习阅读神话故事的基本方法，培养良好的阅读习惯。

3. 通过读封面、目录、插图，听故事等方法，初识神话故事。借助梳理山形图、绘制情节图、讲故事，感受神话故事情节曲折离奇的特点，了解故事内容。

4. 通过看插图、读介绍、画人物等方式，了解神话人物形象奇特、拥有神奇本领的特点。

5. 通过品读细节、归类对比、课本剧表演等形式体会鲜明的人物形象，感受神话故事想象的神奇，从神话故事中汲取力量，在阅读中积累语言、发展语言。

6. 分享、讲述喜欢的神话故事，创编我是英雄之神的神话传说。

7. 通过阅读，了解古人为什么要创造这样的神话故事，进而了解中国悠久的历史和古老的文明、灿烂的文化，感受母语文化的美好和精彩，丰富想象力、创造力。

【任务情境】

亲爱的同学们，一年一度的校园文化节很快就要到了，学校将举办"中国传统文化故事剧场"比赛。老师结合第四单元学习神话故事成果，先在班级举行"探究神话传说，争做神话故事小编剧"的语文实践活动，选取五位金牌小编剧代表班级参赛，让更多人阅读神话故事，传承民族文化精神。

聪明的你，赶快报名参加吧。

为了成为一名金牌小编剧，请同学们做好如下学习准备：

1. 指导阅读《中国神话传说》阅读计划，做好阅读笔记。

2. 阅读速度快的同学，还可以阅读《古希腊神话故事》《山海经》，观看神话故事方面的影视作品。

【学习规划】

"撒播神话种子，传承民族精神"的学习规划，见表6-3-5。

表6-3-5　"撒播神话种子，传承民族精神"学习规划

生活情境	主题	任务	学习活动	课时安排	对应目标与要素
探究神话传说，争做神话故事小编剧	撒播神话种子，传承民族精神	（一）走进神话故事，感悟神话魅力	1.复习导入，初知神话特点。 2.观察图书，了解内容和脉络。 3.猜读故事，感受神话离奇的情节。 4.品读细节，感受人物鲜明的形象。 5.比较阅读，感受故事神奇的想象。 6.课后拓展，阅读中外神话故事	1课时	1.了解故事的起因、经过、结果，感受神话中的人物形象； 2.感受神话中神奇的想象和鲜明的人物形象
		（二）神话故事会，争当神话传讲员	1.快速猜神话故事。 2.三言两语讲故事。 3.绘声绘色讲故事。 4.添油加醋讲故事	1课时	
		（三）神话秘密我来寻，争当民族精神传承人	1.探寻神话人物的秘密。 2.探寻故事写作的秘密。 3.探寻生活中的神话秘密	1课时	
		（四）神奇故事演播厅，争当神话小编剧	1.创设情境，邀请喜欢的人物。 2.围绕人物，构思约会内容。 3.拓宽思路，学写精彩故事。 4.动笔写作，对照要求完善	1课时	展开想象，写一个故事

【学习过程】

（一）走进神话故事，感悟神话魅力

本任务以"走进神话故事，感悟神话魅力"这一任务情境为载体，开展整本书阅读导读课，以书中的神话人物和故事情节为切入口，借助书本中丰富有趣的插画，学生在猜、画、读的过程中感受神话人物外形奇特、本领神奇、神

话故事情节曲折的特点，产生对阅读整本书的兴趣。

1. 复习导入，初知神话特点

（1）我们已经学完了第四单元课文，这个单元的课文都是神话故事。你们还记得在第四单元中，我们一起学了哪些神话故事吗？

（2）今天，我们走进"快乐读书吧"，主题是"很久很久以前"。

2. 观察图书，了解内容和脉络

（1）看封面，激兴趣。

通过观察封面的插图、出版社、作者、编者、名人推荐等来了解一本书，选择购买版本。

（2）读目录，知脉络。

① 浏览目录，你发现这些故事标题大部分都有一个什么特点？

② 通过观察，发现目录特点：一是按照时间顺序编排了三部分内容；二是故事标题都是人和事：人物+事件。

3. 猜读故事，感受神话离奇的情节

（1）读故事，猜情节。

① 讲《伏羲女娲和白乌龟》的故事开端，学生猜测故事发展，伏羲会不会送鱼呢？

很久很久以前，伏羲在湖中捞鱼时，有只巨大的白色乌龟游到他身边说："百天之后天塌地陷，洪水泛滥。只要你每天送我一条鱼，我就可以救你。"

猜一猜伏羲送鱼了吗？

② 学生猜测，揭示故事发展。

③ 教师讲故事发展，学生猜测故事高潮：灾难果然来临了，白龟把伏羲、女娲吞进了肚子里。猜一猜，他们进入白龟肚子里后，又会发生了什么呢？

④ 揭示故事高潮，学生猜测故事结局：多神奇呀！白龟的肚子里竟然有个宫殿！伏羲和女娲送的鱼全都好好地存在白龟的肚子里呢！靠着这些鱼，伏羲、女娲才能活下来。你猜到女娲和伏羲最后怎么样了吗？

⑤ 学生猜测，揭示故事结局：伏羲、女娲重回世界，繁衍人类，成了人类的始祖。

（2）画导图，知情节。

① 连导图：故事情节山形图，山底是故事的开端和结尾，山顶是故事的高

潮，山腰是故事的上升发展和下降发展。

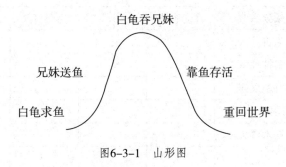

图6-3-1　山形图

②尝试用山形图，梳理其他故事情节。

4. 品读细节，感受人物鲜明的形象

（1）快速阅读《后羿战巴蛇》，想想故事的起因、经过、结果，用笔画出关键词句。出示阅读任务单一：

①快速阅读《后羿战巴蛇》，用横线画出关键词句，说说故事的起因、经过、结果。

②说说你认识到后羿是一个什么样的人？

（2）学生自读批注，小组交流后汇报。

预设1：用三要素说说故事的主要内容（起因、经过、结果）。

预设2：品读细节，感受人物鲜明的形象。

通过品读描写后羿动作的语句，感受后羿勇猛果敢、为民除害的英雄形象。

5. 比较阅读，感受故事神奇的想象

（1）通过梳理情节，我们知道了故事的主要内容；通过品读细节，感受到了鲜明的人物形象和神话故事神奇的想象。出示阅读任务单二：

快速浏览《伏羲女娲和白鸟龟》《后羿战巴蛇》，画出能表现故事神奇的地方，或用自己的话概括出神奇的地方。

（2）学生交流后汇报：故事情节离奇，事物描写夸张。

（3）观察神话故事中长相奇特的或本领神奇的人物。

6. 课后拓展，阅读中外神话故事

布置"走进神话世界"读书会两周阅读任务。

（1）必做题：制订整本书阅读规划单，见表6-3-6，每天阅读5个故事。

表6-3-6　《中国古代神话传说》阅读规划单

阅读时间	阅读章节	主要人物	人物评价	主要事情	最神奇的地方
第一天	盘古开天				
	圣神烛龙				
	鲲鹏展翅				
	女娲造人				
	钻木取火				
第二天					

（2）给自己感兴趣的故事配插图或画故事情节图，然后练习讲故事。

（二）神话故事会，争当神话传讲员

本任务以"神话故事会，争当神话传讲员"这一任务情境为载体，开展整本书阅读推进课，让学生梳理故事内容，借助故事情节图讲故事，感受神话故事情节曲折离奇的特点，对中华传统文化产生兴趣。

1. 创设情境，导入新课

神话，是远古历史的回音。这段时间我们一直徜徉在神话的海洋里，今天开展"神话故事会，评选故事大王"阅读大闯关活动，出示须知，共计四关，每成功一次，可得法宝一件。

2. 多种形式，讲述故事

（1）快速猜神话故事。

①观看原著插图，猜故事名。

②根据关键信息，猜故事名。

（2）三言两语讲故事。

出示《伏羲女娲和白乌龟》，学生概述故事，教师指导学生抓住起因、经过、结果讲一讲。

（3）绘声绘色讲故事。

出示《夸父逐日》思维导图，学生重点讲述经过部分，教师点拨指导讲故事时注意语音语调，加上自己的动作、表情，把故事讲生动。

（4）添油加醋讲故事。

出示《女娲补天》中"捡五色石"的部分，学生重点讲述，教师点拨指导：加上人物的语言、动作、神态和心理。学生选择自己感觉最神奇的故事，讲给小组同学听，组员根据评价选择故事大王。

（5）全班展示，好故事齐分享，评价要点见表6-3-7。

表6-3-7　神话故事会评价卡

评价要点	法宝指数
能按照故事的结构，把起因、经过、结果讲清楚	👍
能把神奇的地方展开想象，讲具体生动	👍
讲故事时语言流畅，加上自己的动作、表情，有感染力	👍

3. 活动总结，拓展延伸

（略）

（三）神话秘密我来寻，争当民族精神传承人

本任务以"神话秘密我来寻，争当民族精神传承人"这一任务情境为载体，设计了四个大的探秘主题实践活动，让学生在阅读、探究、分享中感受神话的魅力和民族精神，对中华传统文化产生兴趣。

1. 探寻神话人物的秘密

（1）神话故事因为想象而更加熠熠生辉，它们有着怎样的神奇想象？故事中的主人公有着怎样的神奇力量？一起来感受吧。

（2）除了课文中的四个神话角色，打开《中国神话传说》和《世界经典神话与传说故事》目录，圈出从题目就能发现人物有神奇能力的故事，小组合作，完成榜单填写，见表6-3-8。

表6-3-8　神话英雄人物排行榜

英雄人物	主要神力体现	神力指数	神力排行榜（No._）
盘古		☆☆☆☆☆	
精卫		☆☆☆☆☆	

续　表

英雄人物	主要神力体现	神力指数	神力排行榜（No._）
普罗米修斯		☆☆☆☆☆	
女娲		☆☆☆☆☆	
中国神话人物		☆☆☆☆☆	
世界经典神话人物		☆☆☆☆☆	

（3）破解神力密码：说说你觉得最神奇的句子，并思考为什么故事中的人物有如此神力，是什么力量让其显现神力？他又寄托了人们什么样的美好愿望呢？

（4）小结：古人早就在探索世界是怎样起源的。神话并非现实生活，是由人民集体口头创作，表现对超能力的崇拜、斗争和对理想的追求以及对文化现象的理解与想象的故事。

2. 探寻故事写作的秘密

（1）神话内容有秘密：神话故事中，有些故事在某一方面很相似，读读下面故事的题目，联系故事内容说说自己的发现。

第一组：《女娲造人》《盘古开天辟地》《燧人氏钻木取火》（例：都是解释自然现象的）。

第二组：《哪吒闹海》《煮海治龙王》《八仙过海》（例：都与大海和龙王有关，关于惩恶扬善的）。

第三组：《女娲补天》《大禹治水》《后羿射日》（例：都是英雄神话，与改造自然，造福人类有关）。

第四组：《夸父逐日》《精卫填海》《鲤鱼跳龙门》《沉香救母》（例：主人公都有坚持不懈、意志坚定的精神品质）。

（2）神话结构有秘密：回顾自己读过的故事，你还发现哪些故事在哪一方面具有相似性？和大家分享，见表6-3-9。

表6-3-9　故事的相似之处

所选的故事			
相似之处			
具体分析	（简单记录，详细讲述）		

交流分享，发现像《女娲补天》《后羿射日》都属于英雄一类神话的相似之处：起因（人类遇到困难）—经过（神站出来帮人类解决困难）—结果（困难解决了），试着编写自己的神话故事梗概。

（3）神话语言有秘密：发现不同国家的神话故事的共同点和不同点。

比较阅读《燧人氏钻木取火》和《普罗米修斯》，填写下面的阅读单，见表6-3-10。

表6-3-10　《燧人氏钻木取火》和《普罗米修斯》的阅读单

故事名称	相同点	不同点
《燧人氏钻木取火》		
《普罗米修斯》		

3. 探索生活中的神话元素

（1）小组汇报搜集跟神话故事有关的习俗，例如七夕节乞巧。

（2）了解成语、古诗中的神话故事，例如《嫦娥》，多种方式汇报。

（3）汇报源于神话想象的科学发明、以神话人物命名的科学探索工程。

（4）神话故事最大的特点就是具有"神奇瑰丽的想象力"，心有多高，天地就有多大，只要敢于想象。一如古代人民对美好的向往——"嫦娥奔月""神仙飞天"，如今也都成了现实。观看"2021年10月16日，神州十三号载人飞船成功升入太空"视频，"飞天英雄征寰宇"谈感受。

4. 拓展延伸传承民族魂

中国神话故事是中华民族精神的最初表现，是一把打开我们这个民族和国家历史的金钥匙。阅读中国神话，了解中国文化的源头；阅读中国神话，传承生生不息的民族魂。

（四）神奇故事演播厅，争当神话小编剧

本任务以"神奇故事演播厅，争当神话小编剧"这一任务情境为载体，让学生由读到写，发挥想象编写故事，进一步感受神话故事中神奇的想象和鲜明的人物形象，感受神话故事的魅力，体会编故事带来的乐趣，做民族精神传承人。

1. 创设情境，邀请喜欢的人物

（1）今天，我们一起去神话世界进行一场奇妙的穿越之旅，让我们邀请众神，成立"地球英雄大联盟"，守护地球，让地球更美好。如果有机会让你邀请喜欢的神话英雄人物来担任"创世之神""力量之神""农业之神""健康之神""教育之神""环境之神""人类军队总司令官"等职务，和你度过一天，你想邀请谁呢？

（2）临时组队交流。

（3）为了增加邀请的成功率，请填写"人物放大镜"。

人物放大镜

邀请人姓名：_____

他/她来自《_____》

他/她的身份：_____

他/她的特殊本领：_____

你喜欢的情节：_____

2. 围绕人物，构思约会内容

（1）看课本插图几位小朋友和孙悟空的对话，提示我们可以怎么去想象呢？

（2）学生看情境图说，师生一同梳理可以从哪几个角度展开联想。

（3）围绕选定人物的特点（身份、本领），想一想，你打算一起去哪里？做什么事呢？

（4）学生填写邀请函。

尊敬的_____：

　　邀请您于2023年1月1日前往_____，您的身份是_____，考虑到您会_____，所以我打算邀请您共同_____。

　　感恩有您，一路同行！

（5）交流完善邀请函，结合人物特点确定一日约会内容：去哪里，做什么或发生什么故事。

3. 拓宽思路，学写精彩故事

（1）回顾课文，构思好故事结构：

何时、何地、什么机会——相遇

做什么、经历了什么——共处

一天结束，真诚告别——感受

（2）放大故事，写出故事的神奇。

妙招一：电光石火来相遇——写好开头。

妙招二：一波三折写事件——写好主体。

A. 借助法宝、本领增添神奇。

B. 加上对话、动作、心情。

C. 设置事故，情节曲折吸引人。

4. 动笔写作，对照要求完善

（1）学生根据自己的故事主题和情节图完成故事内容。

（2）教师巡视，根据评价要求相机指导。

（3）与同桌分享，根据评价标准同桌互评点赞，见表6-3-11。

表6-3-11　《我和_____过一天》习作评价表

要点	自评	他评
和一个特点鲜明的神话人物在一起	👍👍	👍👍
到某个地方相遇，写一天的经历	👍👍	👍👍
能把故事结构写完整，经过想象具体化	👍👍	👍👍
能体现人物特点和故事带来的思考	👍👍	👍👍

（4）课后进一步修改完善习作，配上插图，向班级报刊投稿，还可以找几个小伙伴，把自己编写的故事演一演，并在班级里进行展示。

（本案例由东莞市大朗镇中心小学李凤菊设计）

❖ 案例3：探秘神魔世界，演绎西游故事 ❖

——五年级整本书阅读《西游记》教学设计

【学习内容】

1. 课内学习资源：《草船借箭》《景阳冈》《猴王出世》《红楼春趣》。

2.课外学习资源：《三国演义》《水浒传》《西游记》《红楼梦》。

【学习目标】

1.借助回目，猜测故事，了解章回体小说特点，选择阅读方法，制订阅读计划，产生阅读中国古典名著的兴趣。

2.学习阅读策略，深入阅读，了解故事内容，感知人物形象，构建"神魔小说"的阅读模式，提升阅读和思维能力。

3.走进文本，提炼故事结构；学习故事结构方法，讲故事；运用所学故事结构方法，学写作。

4.品析孙悟空的形象，感受悟空的成长和自身的成长，阅读名著，阅读自己。

5.探究取经团队取得真经的秘密，链接生活，观照自己，树立正确的价值观。

6.分享阅读成果，丰富阅读积累，感受古典名著魅力。

【任务情境】

亲爱的同学们，一年一度的校园读书节很快就要到了，学校将举办"读古典名著，品百味人生"读书作品展示活动。结合第二单元学习，先在班级举行"探秘神魔世界，演绎西游故事"的语文实践活动，评选出"阅读之星"和优秀作品在学校展示，让更多人阅读古典名著，传承中华民族文化精神。

聪明的你，赶快报名参加吧。

为了成为一名阅读之星，请同学们做好如下学习准备：

1.指导阅读《西游记》阅读计划，做好阅读笔记。

2.有条件的还可以观看《西游记》方面的影视作品。

【学习规划】

"探秘神魔世界，演绎西游故事"的学习规划，见表6-3-12。

表6-3-12　"探秘神魔世界，演绎西游故事"学习规划

生活情境	主题任务	子任务	阅读活动	课时安排	对应目标与要求
赴一场奇幻的西游之旅	探秘神魔世界，演绎西游故事	（一）走进西游神魔世界	1.创设情境导入，激发阅读兴趣。 2.学习阅读策略，降低阅读难度。 3.片段阅读体验，示范阅读实践。 4.制订阅读计划，开启阅读之旅	1课时	初步学习阅读古典名著的方法，梳理故事情节，感悟人物形象，理解文化内涵
		（二）探秘西游八十一难	1.根据信息猜西游故事。 2.分享"西游取经通关图"。 3.思辨讨论西游主题。 4.探秘西游故事结构	1课时	
		（三）共话西游取经团队	1.游戏闯关，猜猜西游人物。 2.聚焦悟空，品悟悟空成长。 3.探究团队，领悟人生修行。 4."对话"自己，唤醒自身成长	1课时	
		（四）演绎西游取经故事	1.西游故事我会排。 2.西游故事我会画。 3.西游故事我会讲。 4.西游故事我会演。 5.西游歌曲我会唱	1课时	在分享、展示中感受古典名著的魅力，学习写读后感

【学习过程】

（一）走进西游神魔世界

本任务以"走进西游神魔世界，赢取通关文牒"这一任务情境为载体，开展整本书阅读导读课，以知识备查为切入口，通过对整本书的内容介绍，学习阅读古典名著的方法，激发学生对阅读整本书的兴趣。

1. 创设情境导入，激发阅读兴趣

（1）《西游记》知多少，你获取知识的途径是什么？

（2）学生交流后，补充了解《西游记》相关资料。

（3）刚才通过各种途径了解了《西游记》，引人入胜的故事情节、个性鲜明的人物形象，这是一本充满魔力的书。今天，就让我们一起穿越时光，来一场奇妙的西游之旅，完成四个阅读任务，每完成一个任务，过关者都可以赢取"通关文牒"。如图6-3-2所示。

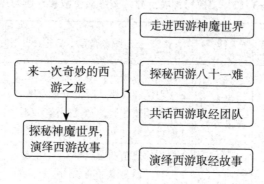

图6-3-2　来一次奇妙的西游之旅

2. 学习阅读方法，降低阅读难度

（1）交流阅读整本书的方法。

① 观前言后序，了解写作背景、故事梗概、主要人物、写作目的。

② 研读回目，知晓故事梗概。

③ 浏览+跳读+精读，把握故事内容。

（2）我们今天就从回目入手，学习运用多种方法看西游。

① 比一比回目明章回。

② 读一读回目猜故事。

③ 说一说回目概内容。

④ 查一查回目知人物。

读下面的回目，猜猜写的是哪位故事人物？

第四回：官封弼马心何足　　　　　　名注齐天意未宁

第二十五回：镇元仙赶捉取经僧　　　　孙行者大闹五庄观

第二十六回：孙悟空三岛求方　　　　　观世音甘泉活树

第二十七回：尸魔三戏唐三藏　　　　　圣僧恨逐美猴王

第一百回：径回东土　　　　　　　　　五圣成真（斗战胜佛）

明确：弼马温—齐天大圣—孙行者—孙悟空—美猴王—斗战胜佛。

3. 片段阅读体验，示范阅读实践

（1）阅读神通广大的孙悟空与同样变化多端的牛魔王斗法的精彩瞬间，回答下列问题：

① 上文是《西游记》第二十七回的节选，该节选讲述了一个精彩的故事，

这个故事叫作（　　　）。

②根据片段，填写孙悟空和牛魔王对抗表，如图6-3-3所示。

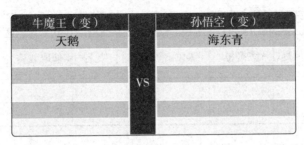

图6-3-3　孙悟空和牛魔王对抗表

③根据对话描写，概括出孙悟空和唐僧的性格特点。

（2）小结：通过读目录，整体把握全书，有计划阅读，借助阅读单，画思维导图，提取关键信息，整理好复杂的情节和人物关系，品味语言中人物形象特点。

4. 制订阅读计划，开启阅读之旅

（1）这部小说虽然很长，但故事曲折动人，人物形象个性鲜明，读来饶有趣味。《西游记》共100回，一个月阅读完，每天阅读3—4回，完成阅读任务即可获得一张通关文牒。坚持一个月积30张通关文牒，即可荣获"阅读之星"荣誉称号和一部"阅读真经"。其间，我们还要举行三次《西游记》读书分享会，为了确保完成阅读任务，我们一起来制订阅读计划，见表6-3-13。

表6-3-13　《西游记》耐力阅读挑战计划表

阅读时间	阅读章节	主要人物	人物评价	主要事情	最吸引人的地方
第一天 （　月　日）	第一回				

（2）选择阅读任务并完成。

①根据取经的路线画一张"西游"图，整体了解理清故事情节。

②批注式阅读，以图表等形式把主要人物和事件记录下来，建立人物档案，见表6-3-14。例如，在取经路上，师徒四人遇到了形形色色的妖怪，制作

《西游记》妖怪图鉴。

表6-3-14　主要人物和事件

章回	妖怪	武器/技能	住址	主人	目的	结局
第十七回	黑熊怪	黑缨枪	黑风山黑风洞	观音	偷取袈裟	被观音智取，当守山大神

（二）探秘西游八十一难

本任务以"探秘西游八十一难，赢取通关文牒"这一任务情境为载体，开展整本书阅读推进课，让学生小组合作借助图表梳理西游取经内容梗概，呈现西游取经历难平妖通关图，感受西游故事情节曲折离奇的特点，初步理解《西游记》主题的内涵，产生阅读中国古典名著的兴趣。

1. 根据信息猜西游故事

（1）同学们，距离上次的导读课已经过去20多天了，我相信大家已经看了一大半，甚至看完《西游记》这本书了吧。现在我们就一起来检验一下阅读效果，过关者赢取"第二站通关文牒"。

（2）今天，我们一起走进奇幻的神魔世界，大话西游九九八十一难。

2. 分享"西游取经通关图"

（1）小组分享、评价"西游取经通关图"，推荐小组最佳作品，评价标准见表6-3-15。

表6-3-15　"西游取经通关图"的评价

等级描述	评价等级
各组员任务有分工，有相关信息梳理，但不能连成完整的八十一难图	👍
各组员的任务分工比较明确，能够把相关信息梳理出来，能够连成比较完整的八十一难图	👍👍
各组员任务有分工，有相关信息梳理，能够画出八十一难的内容，能够连成比较完整的八十一难图	👍👍👍
各组员任务分工明确，能够把重点信息梳理清楚，准确画出八十一难的内容，表达明确，能够连成完整的八十一难图	👍👍👍👍

① 注意内容完整：路线图光有地点还不够，要根据时间顺序进行梳理，简要记录唐僧师徒经过的地方、遇到的妖怪、发生的故事。（地点+人物+事件）

② 注意形式多样：绘制路线图可以充分发挥各自的创意，争取做到版面清晰、图文并茂。

（2）小组最佳作品分享，点评。

3. 思辨讨论西游主题

（1）从同学们展示的"西游取经通关图"可以看到唐僧师徒四人取经历经八十一难。如果是你，你有什么办法让取经之路走得容易一些呢？

（2）出示孙悟空的理解，引导学生谈谈自己的理解。

只是师父要穷历异邦，不能够超脱苦海，所以寸步难行也。我和你只做得个拥护，保得他身在命在，替不得这些苦恼，也取不得经来；就是有能先去见了佛，那佛也不肯把经善予你我：正叫作"若将容易得，便作等闲看"。

（3）明确：成功没有捷径，不管做什么事，欲速则不达，侥幸害己身。正如《西游记》主题曲中唱到的"踏平坎坷成大道，斗罢艰险又出发"。

（4）思辨讨论。

① 取经的路上为什么是"八十一"难？而不是八十二、八十三，或者其他的数字？

② 最后，唐僧师徒历尽坎坷艰险取到经后发生了什么呢？

③ 真经到底在哪里？

4. 探秘西游故事结构

（1）阅读"三打白骨精""三借芭蕉扇"这两个故事，完成阅读单，见表6-3-16。

表6-3-16　"三打白骨精""三借芭蕉扇"阅读单

故事名称	双方对阵	第一回合	第二回合	第三回合	结局
三打白骨精					
三借芭蕉扇					

（2）学生交流汇报，提炼故事结构——一波三折。

① 交流描写白骨精"三变"的句子、孙悟空"三打"的句子。教师指导朗读，体会人物特点，体会情节描写精彩的特点。

② 思考：作者为什么不厌其烦地写白骨精三变，孙悟空三打；孙悟空三借，铁扇公主三不借，让故事情节反复呢？你还发现哪些故事也是这样写反复三次的？

（3）小结：一波三折的故事结构，在跌宕起伏的情节中，故事更加吸引人，人物形象也会更加鲜明，我们读起来会记忆深刻，讲起来思路也会非常清晰。

"一波三折"的
故事结构
{
遇到困难（障碍）
寻求解决办法（第一回合　第二回合　第三回合）
结果（解决困难）
}

（4）借助故事结构图，讲自己最喜欢的故事给同桌听。

（5）布置阅读任务。

① 从唐僧师徒取经故事中，分析其结构模式，然后大胆发挥想象，创作一个取经路上的新故事。

② 从《西游记》中选择你最喜欢的一个故事人物，梳理他的经历。

③ 完成《西游记》取经团队人物形象阅读单，见表6-3-17，下节课进行分享。

表6-3-17　《西游记》取经团队人物形象阅读单

主要人物	主要事件	性格特征
唐　僧		
孙悟空		
猪八戒		
沙和尚		
白龙马		

（三）共话西游取经团队

本任务以"共话西游取经团队，赢取通关文牒"这一任务情境为载体，让学生在阅读、探究、分享中感受人物形象，领悟团队合作共赢和历经磨难成长的启示。

1. 游戏闯关，猜猜西游人物

（1）上节课我们走进西游神魔世界，交流分享了"西游取经通关图"和故事结构的密码。今天，我们分享的主题是"共话西游取经团队"，现在我们就一起来过关斩将，赢取"第三站通关文牒"。

（2）根据信息猜西游人物。

（3）今天，我们继续一起走进奇幻的神魔世界，"共话西游取经团队"。

2. 聚焦悟空，品悟悟空成长

（1）聚焦悟空名号，多角度感悟悟空形象。

① 说说你心目中孙悟空的形象。

② 说说你记录的悟空名号。

③ 你最喜欢孙悟空哪一个名号？联系主要事件说说理由。

④ 小结：透过这些情节，我们就看到了这样一个孙悟空！在神仙的眼里，他无法无天、狂妄自大；在众猴的眼里，他本领高强、为民造福；在取经路上，他却又是那样的坚定不移、忠心耿耿，如图6-3-4所示。看来，读小说，看人物，就要这样多角度、多方面地看。

图6-3-4　孙悟空的成长过程

（2）聚焦人物言行，感悟悟空成长。

① 探究：每一个名号的背后，都是一段经历；每一段经历中，石猴都有一些变化。孙悟空是如何从石猴变化成长为斗战胜佛的呢？

② 自由分享"齐天大圣""孙行者""斗战胜佛"这三个称呼背后的精彩故事。

③ 阅读"大闹天宫""三打白骨精"，画出描写悟空言行的语句，又看到了一个怎样的悟空？

④ 对比不同时期孙悟空的言行，交流悟空修心之旅。教师引导：毛主席的两句诗道出了神猴的本质——金猴奋起千钧棒，玉宇澄清万里埃。

斗战胜佛修心之旅

石猴（自由自在猢狲）—美猴王（呼朋引伴众猴之王）—孙悟空（本领高

强）—弼马温（自由散漫）—齐天大圣（心高气盛，大闹天宫）—孙行者（谦逊恭敬，主动请缨）—大师兄、猴哥（降妖除魔，心怀众生）—斗战胜佛（取得真经，修成正果）

⑤小结：孙悟空从齐天大圣到孙行者，一路修行，一路成长，最终实现了从猴到佛的完美蜕变！

3. 探究团队，领悟人生修行

（1）唐僧师徒四人和白龙马，历经九九八十一难，终于共同取得真经。如果你是观音菩萨，正要组团重走取经路，你决定选择与谁组队去？不要谁去呢？

（2）学生交流自己的看法。

预设：唐僧师徒四人和白龙马不足之处。

（3）这样分析，去取经的几个人虽然都有优势，也有硬伤，都不宜去西天取经。但是取经路上，如果没有他又会怎么样呢？

（4）学生讨论交流，教师点拨。

（5）小结：唐僧师徒四人和白龙马就像我们一只手上的五根手指，每一根手指都各有所长，各有所短，但只要团结一心，意志坚定，充分发挥各自的优势，避免自己的劣势，就能成为一个所向披靡、力量无穷的团队，就一定能够取得真经。

4. "对话"自己，唤醒自身成长

（1）《西游记》既是一部神魔小说，又是一部成长小说。每个人的人生都是一场《西游记》，在向理想的高峰攀登中不断成长，虽然历经九九八十一难，但当你取得人生的真经后，就会发现，所有的磨难都是一种磨砺。我们的成长，也是一场修行，也会遇到各种"妖魔鬼怪"，这"妖魔鬼怪"可能是什么？

（2）自由交流：面对这些妖魔鬼怪，你想对自己说些什么？

（3）小结：只要心中有梦想，脚下有力量，总有一天，我们也能到达心中的"灵山"，取得属于我们的"真经"，成为一名顶天立地的"斗战胜佛"。今天，我们读小说，品人物，品出了孙悟空的成长，聊出了自己的成长。原来，阅读的过程中，我们也在阅读自己，这也是成长！

5. 作业设计

（1）课后用学到的方法，多角度，看言行，画成长路线图，品一品猪八戒、沙僧、唐僧的成长。

（2）组建团队，选择一个故事制作故事连环画，并分角色表演这个故事。

（四）演绎西游取经故事

本任务以"西游之旅展演厅，做阅读推广人"这一任务情境为载体，让学生由读到写，由演到展，多种形式展示阅读收获，体会阅读名著带来的乐趣，做阅读推广人，让更多的人喜欢上中国古典名著。

1. 西游故事我会排

（1）同学们，经过一个月的《西游记》阅读，我们运用阅读古典名著的方法，大话西游取经九九八十一难，探究孙悟空的成长之路，重组西游取经团队，领悟西游取经的意义。这节课，我们举行"西游之旅展演厅，做阅读推广人"活动，让我们继续分享阅读的收获和快乐。

（2）西游神魔世界太奇妙了，同学们分组探究西游故事，并将自己感兴趣的内容进行了排行，现在我们一起来展示。

2. 西游故事我会画

分享小组最佳西游故事人物画像、小组最佳西游故事连环画，结识各具特点的人物。

3. 西游故事我会讲

选择自己最喜欢的一个故事或者是自己创编的《西游取经》故事进行分享。

4. 西游故事我会演

选择表演西游故事的小组上台表演。师生共评，点赞。

5. 西游歌曲我会唱

（1）播放《西游记》主题曲《敢问路在何方》视频，全班齐唱。

（2）小结：奇幻的西游之旅经过我们一个月的阅读与交流、分享，在歌声中结束。让我们继续运用学到的阅读古典名著的方法阅读《红楼梦》《水浒传》《三国演义》，与经典同行，品百味人生。

6. 作业设计

写一篇《西游记》读后感。

（本案例由东莞市大朗镇中心小学李凤菊设计）

第七章
拓展型学习任务群2：
跨学科学习

"跨学科学习"是新课标在"内容组织与呈现方式"部分提出的学习任务群，隶属于拓展型学习任务群，拓展了语文学习领域与范围、语文学习主题与情境、语文学习方法与资源，促进了语文学习与学生生活世界的联系。新课程方案明确提出："各门课程用不少于10%的课时设计跨学科主题学习。"那么，"跨学科学习"任务群的内涵与价值是什么，其基本内容是什么，又有什么特点，该如何设计与实施跨学科学习？本文将结合新课标相关表述，试作阐释。

第一节　价值与内容

　　"跨学科学习"是第一次进入语文课程，但是早在旧课标中，就提出了"综合性学习"的要求："加强语文课程内部的联系，加强语文与其他课程以及生活的联系，促进学生语文素养全面协调发展。""跨学科学习"的前身就是语文"综合性学习"，"跨学科学习"是语文综合实践活动的升级版。新课标对"跨学科学习"做了这样的表述："本学习任务群旨在引导学生在语文实践活动中，联结课堂内外、学校内外，拓展语文学习和运用领域；围绕学科学习、社会生活中有意义的话题，开展阅读、梳理、探究、交流等活动，在综合运用多学科知识发现问题、分析问题、解决问题的过程中，提高语言文字运用能力。"

　　可见，"跨学科学习"学习任务群是由相互关联的系列化跨学科学习任务组成的学习任务群，它以生活为基础，以主题为引领，拓展语文学习与运用领域，加强语文学习与生活的联系。通过学习任务整合学习目标与内容、学习情境、学习方法与资源等要素，综合运用多学科知识，有助于提高学生发现、分析与解决问题的能力，发展学生的语言运用能力。

　　由上述定位出发，我们认为"跨学科学习"学习任务群的主要价值体现在以下几个方面：

一、课程价值：为培养适应未来世界的人才奠基

　　"跨学科学习"是指为培养跨学科素养而整合两种及以上学科内容开展学习的主题教学活动安排，具有综合性、实践性、操作性、探究性、开放性等特点，是培养学生综合素质的重要载体。

（一）增强实践性，拓展语文学习与运用领域

"跨学科学习"是以活动为取向的整合学习，强调学生在学习中的主体性，注重"做中学，学中做，做中求进步"，强调"在语文实践活动中，联结课堂内外、学校内外，拓宽语文学习和运用领域"，充分体现了"生活即语文"的教学理念。

因此，设计并实施"跨学科学习"学习任务群，要关注课堂内部与外部、语文学科与其他学科、语文学习与社会生活之间的联系，并建构广阔的语文实践活动空间，拓宽语文学习与运用的领域，从课堂"跨"向课外，从校内"跨"向校外，真正实现语文学习无处不在、无时不有。这样有助于学生在更复杂、更开放的真实情境中理解和运用语言文字，有效提升语言运用能力；还有助于学生逐步确立"生活即语文"的意识，养成"时时用语文、处处用语文、事事用语文"的良好习惯。

（二）增强综合性，提高学生解决问题的能力

"跨学科学习"是综合性学习的升级版，最大的特点是综合性。吴刚平教授认为："跨学科学习不能脱离学科而单独存在，应以学科内容，尤其是学科核心知识和思想方法为主干，运用和整合其他学科的相关知识和方法，围绕一个中心主题、任务、项目或问题，开展综合性学习活动，发展学生的跨学科核心素养。"

"跨学科学习"是一种以解决真实问题为导向的深度学习方式，培养学生综合运用多学科知识发现问题、分析问题、解决问题的能力。其目标指向不仅仅是学生语文能力的提升，更强调让学生在各种真实而又复杂的情境中，逐渐掌握问题探究的基本步骤和方法，逐渐具备综合运用各学科知识解决实际问题的能力。

因此，设计跨学科主题学习要从简单的跨学科知识技能拼盘，转向整合各科教学资源，从培养学生综合运用各学科知识解决问题的能力出发，创设真实的情境，进行整体规划设计，进而培养学生综合能力，培养学生整体的世界观，促进学生的全面发展。

（三）增强学科性，提升学生语言文字运用能力

"跨学科学习"学习任务群是加强课程综合和课程协同育人的重要课程板块，跨出了学科的自我界限，与多个学科相互交叉、渗透，是"多学科知识在某一项目或主题中的联结和融合"。但是，归属于语文课程的跨学科学习，其边界与目标最终依然指向语文学科。因此，要坚守语文学科本位，在跨学科视野中，仍然聚焦以提高学生的语言文字运用能力为宗旨。在教学设计时要有目的地建立语文学科与其他学科、语文学习与学生生活之间的内在联系，既让学生将各个学科的内容整合起来学以致用，又能保持语文课程的基本属性，以实现语文学科能力的提升。

总之，"跨学科学习"作为拓展型学习任务群，实际上是基于学校、家庭、社会等日常生活情境，为前五个学习任务群提供综合演练的实践场所和运用契机，充分彰显了"语文课程是一门学习国家通用语言文字运用的综合性、实践性课程"的本质属性，基础教育语文课程面向未来落实立德树人、实现整体育人的优势也将得到充分发挥。它是基于语文学科，带动课程综合化实施的一项综合性学习，在提升学生综合素质，培养学生适应未来社会发展的素养方面的作用是不容置疑的，需要引起教师的高度重视。

二、课程内容：发展学生的综合素养

新课标将小学阶段"跨学科学习"学习任务群分为三个学段9块学习内容，每个学段各3块，对于不同学段跨学科学习的学习内容，做了明确的要求。学习内容主要涉及的学习主题可以分为观察记录类、创意设计类、参观体验类、调查研究类四种类型。旨在打破各学科知识相互独立的现状，追求课程内容、学生生活、语文实践之间的协调和融通，更重视学生在真实生活情境中发现问题、分析问题、解决问题，提高语言文字运用能力、综合思考能力和实践创新能力。下面，对本学习任务群小学三个学段的学习内容与要求进行梳理，见表7-1-1。

表7-1-1　学习任务群小学三个学段的学习内容与要求梳理

学段	学习内容	学习主题	学习类型	学习要求
第一学段	1.爱图书、爱文具、爱学习习惯。2.养护一种绿植、小动物。3.参与传统节日和风俗活动	文具里的学问。我的动物或植物朋友。童话故事小舞台	观察记录类。参观体验类	1.整理图书和文具，学习识字、说话、计算、设计、美化，学习与他人沟通、交流，养成爱书、爱文具的好习惯。2.综合运用多学科知识，学习日常观察和记录。3.留意传统节日、风俗习惯等文化现象，感受和学习生活中的中华优秀传统文化

续 表

学段	学习内容	学习主题	学习类型	学习要求
第二学段	1.设计校园活动。 2.参观文化遗产，关注文化体验，探寻文化意象。 3.选择问题进行调查研讨	校园戏剧节。 探秘龙文化或竹文化。 交通安全你我他	创意设计类。 参观体验类。 调查研究类	1.创意设计并主动参与朗诵会、故事会、戏剧节等校园活动。 2.了解非物质文化遗产，关注文化体验，探寻中华文化意象，积极参与文化主题活动，获得多样的文化体验。 3.选择自己发现和关心的问题进行调查研讨，尝试写出简单的研究报告，与同学交流
第三学段	1.参加校园文化社团，参与文化活动。 2.设计参观考察活动方案，分享研学成果。 3.设计未来生活	探秘大朗毛织业。 今天我当家。 传统与美德。 腾飞的中国科技	参观体验类。 调查研究类。 创意设计类	1.体验、感知、传承中华优秀传统文化，运用多种形式分享自己的经验与感受。 2.综合运用多方面的知识和技能，通过小组研讨，集体策划、设计参观考察活动方案，运用跨媒介形式分享研学成果。 3.设计未来生活，运用多样形式丰富自己的语言表达，呈现与分享奇思妙想

从表7-1-1可以发现"跨学科学习"学习任务群三个学段的内容与要求，有如下三大特点：

（一）跨学科主题学习任务化

"跨学科学习"不仅是一种以跨学科意识为核心的课程理念，也是一种综合与探究相结合的深度学习方式，更是一种特殊的课程形式，其呈现方式基本是综合主题。"跨学科主题学习"的学习任务一般是一个核心任务和若干分项任务所构成的学习任务群。任务化的要义是让跨学科主题学习"学什么""怎么学"的问题做得实，让老师对教学过程有一种踏实的感觉，便于操作。

本任务群学习内容列举了一些典型的学习主题，作为师生开展跨学科学习的参照，以主题式、项目式任务驱动的深度学习方式，开展跨学科主题学习。例如，第一学段的"文具里的学问""我的动物或植物朋友""童话故事小舞台"；第二学段的"校园戏剧节""探秘龙文化或竹文化""交通安全你我他"；第三学段的"探秘大朗毛织业""今天我当家""传统与美德""腾飞的中国科技"。第三学段比第一、二学段的学习要求更高，需要整合的学科数量和媒介形式更多，内容难度和能力要求也有所提升，体现出明显的学段进阶。同时，学习内容比较全面地对接了课程目标。整体而言，跨学科学习的内容和要求与课程目标保持了高度一致性。

（二）跨学科学习活动生活化

日常生活是跨学科学习的基本范围与内容，将学生的语文学习从课堂大跨度地延伸到了学校、家庭、社区、图书馆、阅览室、书店、文具店等现实生活场所。例如，第一学段在班级、学校或家里养护植物和小动物，到图书馆爱护图书；第二学段创意设计，参与学校、社区举办的文化主题活动；第三学段参加校园文化社团，策划、设计、调研社会热点问题。跨学科学习的范围、内容随着学生年级升高、认知力提高而不断扩大，学习领域不断拓展，学习方式不断丰富。

"跨学科学习"学习任务群不仅重视加强语文学习与社会生活联系，注重引导学生关注与探究社会生活问题。第一学段重在引导学生感受社会风俗习惯、传统节日与文化现象；第二学段重在探讨日常语言、行为、校园卫生、交通安全、家庭教育等方面的问题，并通过调查、研讨、交流、撰写简单报告等方式进行探究学习；第三学段则将学生探究学习的视域引向更为深广的未来生活。从感受社会生活到关注社会现实生活中的问题，再到创想未来美好生活，层层深入地引导学生观察社会生活，发现、分析与解决社会生活中的问题，进而培养学生的社会责任感、创新精神与解决问题的能力。

（三）跨学科文化活动多样化

文化自信，是语文核心素养的构成要素，也是"跨学科学习"学习任务群的重要内容，贯穿整个"跨学科学习"学习任务群。在跨学科学习中，中华优秀传统文化、革命文化和社会主义先进文化作为重要的学习主题始终贯串所有学段。积极参与学校、社区举办的文化主题活动，是跨学科学习的重要内容。例如，

第一学段：要求学生参与学校、社区举办的节日和风俗活动，留意身边的传统节日、风俗习惯等文化现象，感受和学习生活中的中华优秀传统文化。

第二学段：要求学生参观物质文化遗产，了解非物质文化遗产；关注传统节日节气、民俗风情、民间工艺、历史和传说等；探寻日常生活中龙凤、松竹梅兰等中华文化意象。两个学段的学习内容从节日、风俗转向文化遗产、民间工艺、历史传说和中华文化意象，学习要求则从参与、留意、感受转向参观、了解和探寻。

第三学段：学习内容覆盖面更加广博。例如，要求学生积极参加校园文化社团，参与学校和社区举办的戏曲、书法、篆刻、绘画、刺绣、泥塑、民乐等相关文化活动。

丰富多彩的文化活动引导学生从感受文化现象到探究文化现象与中华文化意象，再到理解与传承中华优秀传统文化，进而在体会中华文化博大精深的基础上，提高学生对中华文化的自信心与自信力。

（四）跨学科热点关注社会化

新课标要求学生关心学校、本地区和国内外大事，就共同关注的热点问题搜集资料，调查访问，相互讨论，能用文字、图表、图画、照片等展示学习成果；掌握查找资料、引用资料的基本方法，分清原始资料与间接资料，学会注明所援引资料的出处。例如，

第一学段：要求学生留意身边的传统节日风俗习惯，感受和学习生活中的中华优秀传统文化。

第二学段：要求学生选择自己发现和关心的日常语言、行为、校园卫生、交通安全、家庭教育等方面的问题进行调查研讨，尝试写出简单的研究报告，与同学交流。

第三学段：要求学生选取衣食住行、学校、地球、太空等某个方面，设计人工智能时代的未来生活，运用多样形式丰富自己的语言表达，呈现与分享奇思妙想。

这些学习内容强调了要引导学生从课堂走向课外，从校园走向家庭、走向社会，真正实现语文学习的多场域、多学科联动，并进一步拓展了智能时代语境下的跨学科学习内容，引导学生从现实走向未来，提升联想想象、实践创新能力。

第二节 实施建议

新课程方案明确要求各门课程原则上用不少于10%的课时设计跨学科主题学习。各学科课程标准也给出跨学科学习的相关要求和教学建议，呈现具体化的设计案例。基于新课程方案和新课标设计跨学科学习的学习内容、教学提示，可以从以下几个方面着手实施：

一、基于学校层面，整体构建校本课程跨学科体系

跨学科学习，从时间上来看与整本书阅读一样，都有较长的学习周期，需要教师把握学习内容的周期和容量，注意体现不同学段任务进阶，整体规划；从学习内容看，跨学科学习比整本书阅读更加开放、更加综合，需要教师根据不同学段的学习内容和要求，积极与相关学科教师展开多方合作，建构教学共同体，形成跨学科协同育人机制；从学习经验来看，跨学科主题学习在新课程改革中属于新要求，有每学科10%课时的硬性规定，但又没有可以遵循的成熟操作模型可供借鉴，需要广大中小学结合本校师资、资源和对学科的理解自行开发。这对广大中小学而言是巨大的挑战，为此需要积极应对。

因此，新课程方案强调，综合实践活动侧重跨学科研究性学习、社会实践，在一至九年级可以开展班团队活动，内容由学校安排。校本课程由学校按规定设置，专题教育可以融合到相关科目中，原则上不独立设课。跨学科学习在各学科的新课标中多数以综合实践活动的形式呈现，如果由学校层面来整体安排，可以结合校本课程的开发与实施，建设校本课程的跨学科体系。这样由学校整体构建校本课程跨学科体系，有助于发挥团队优势，有效推进跨学科学习的实施，同时又能节省时间、人力、物力。

二、基于素养立意，确定跨学科学习主题

主题是跨学科主题学习的学习和探究对象，是学习者系列学习活动的核心，直接关联教学目标、学科基本概念、原理、单元网络活动等，为整个学习活动提供核心支点。通过这些主题才能设计跨学科和多样性活动组成的课程单元，基于这些课程单元学生才能利用工具独立地或者合作地开展学习活动，开展超越学科的探究活动。

"跨学科学习"学习任务群小学学段的主题缤纷，为一线教师开展跨学科学习提供了学习主题。但统编教材中的综合性学习与跨学科学习任务群要求和内容之间存在一定偏差。自三年级开始，统编教材在每个年级上册编排了一个阅读策略单元，在每个年级下册编排了一个综合性学习单元。三、四年级下册，综合性学习单元是以"与单元内容整合形式"呈现，而五、六年级的两次综合性学习是以"独立学习内容"形式呈现。三年级下册主题是"中华传统节日"，四年级下册主题是"轻叩诗歌大门"，五年级下册主题是"遨游汉字王国"，六年级下册主题是"难忘小学生活"。从主题看，指向"文化活动"内容较多，而关于"环境、安全、人口、资源等热点问题"的相关内容则暂无。因此，语文教师就需要关注社会热点问题，通过研读新课标，从跨学科学习内容中提炼主题，也可以从教材单元的人文主题或综合性学习单元选择主题，还可以从学生感兴趣的话题入手，探索其关注点背后有价值的话题和问题，寻找最佳的教学契机，整合各学科教学资源，开展跨学科学习。此外，还可以因地制宜，充分利用所在地特色鲜明的地域素材，确立主题，培养学生的家国情怀和责任担当。

三、基于学科融合，构建跨学科学习知识图谱

在"跨学科学习"学习任务群实施过程中，既要强化不同学科的相互融合，更要强化语文学科的本体意识和独立价值。因为"跨学科学习"的宗旨是联结课内课外、校内校外，最终拓宽语文学科的学习与运用领域，而不是学科知识与活动的"拼盘"。为此，教师不仅要提升语文学科素养，还要加强与其他学科的融合，提升整合教学资源，构建学科学习知识图谱，整体规划学习活动的能力。并注意以语文学科为主题，以语言文字运用为目标和核心，整合语

文和其他学科，帮助学生学会运用多学科知识与思维方式，解决单一学科所不能完全解决的问题，从而用新的思想、新的途径滋养语文学习。

例如，六年级上册第七单元，围绕"艺术之美"这个主题选编了《文言文二则》《月光曲》《京剧趣谈》三篇课文，从音乐、绘画、戏曲等不同的角度折射出艺术的魅力。教材内容主题突出，内容丰富，形式多样，旨在引导学生通过对不同文体和不同艺术内容文本阅读，感受音乐、绘画、戏曲等不同形式所散发出来的独特魅力，感受其背后的人文精神之美与人类文明的智慧之光，提高审美品位，并引导学生通过联系现实生活，表达自己在学习艺术或技能方面的感悟，展示自己的艺术特长。

本单元的阅读训练要素是"借助语言文字展开想象，体会艺术之美"。写作训练要素是"写自己的拿手好戏，把重点部分写具体"。六年级上册第七单元的内容与学生的生活有一定的距离，学生相关的知识背景、审美和品鉴能力有可能不足，会在理解上存在一定的困难。在教学中可以通过多种学科的融合与共建，在学科整合中助力学生核心素养的全面发展。

新课标倡导创设真实而富有意义的学习情境，凸显语文学习的实践性，帮助学生丰富语言文字运用的经验。教师可以结合"艺术之美"的单元主题，确定跨学科学习主题为"探寻艺术之美"，以学校"举办艺术节，争做金牌讲解员"活动的情境贯穿，以小小讲解员完成能力提升任务来推动学习目标的落实，让学生通过阅读和查阅音乐、绘画、戏剧等艺术作品，感受艺术的魅力。

四、基于关键能力，整体规划活动

新课标将"跨学科学习"学习任务群归于拓展型学习任务群的范畴，同样具有各学习任务群的"情境性、实践性、综合性"三个特点。实施跨学科学习的关键，是要围绕培养学生核心素养，创设任务情境，整体规划活动，组织实践探究，开展表现评价。

（一）设置驱动性任务情境

创设合理的学习情境开展学习活动，是语文课程教学变革的一个重要因素。新课标中48处提到"情境"，在"跨学科学习"学习任务群"教学提示"中提出"要引导学生在广阔的学习和生活情境中学语文、用语文"。语文教学应当创设真实的、有意义的学习情境，富有挑战性的学习任务，唤醒学生学习兴趣，激发学生主动思维，在积极的语文实践活动中培养其真实能力。

例如，二年级上册第四单元"语文园地四"的"识字加油站：认识火车票"。结合单元主题"大美中国"，设计整体任务情境"帮助丁丁去旅行"。激发学生学习兴趣，以"帮助丁丁去旅行"为整体任务情境，为主题的跨学科口语交际活动，对接了真实生活，顺应二年级学生愿意帮助他人和挑战自我的心理特点。整个任务情境学习，是基于教材、又高于教材而凝练的实践活动，是在真实的情境中，立足语文学科核心素养提升、多学科融合的跨学科学习。

（二）设置实践性语文活动

新课标在"课程内容"指出，"设计语文学习任务，要围绕特定学习主题，确定具有内在逻辑关联的语文实践活动"。第一至第三学段以观察、记录、参观、体验为主。语文课程中的"跨学科学习"学习任务群中设计的实践活动，是为学生完成学习任务而搭建的学习支架，在教学时应根据不同学段学生的生活范围、学习兴趣和能力，选择学习主题和内容，组织、策划多样的学习活动。

例如，六年级上册第七单元，基于课程标准、教材分析和学情分析，根据单元学习目标，基于学习主题，找准学科之间的连接点，整合学习资源，从学习内容、思维方法和关键能力等维度设计和开展具有内在逻辑关联的实践活动，实现学科之间的无缝对接和深度融合，引导学生在广阔的学习情境中、实践性的学习活动中学语文、用语文，提升沟通交流、团队协作和实践创新能力。

因此，本单元的任务一："走进音乐馆，高山流水觅知音"，就可以安排4个学习活动：

学习活动1：初读感知，了解知音故事

学习活动2：走进情境，感悟知音情感

学习活动3：欣赏音乐，想象知音画面

学习活动4：演唱歌曲，歌颂知音情怀

五、基于学生表现，以评价助力实施

在新课标中，提到"表现"一词就有49处之多。可见，收集和整理学生学习过程中的各种表现，是开展教学成效评价的关键。我们可以将此称之为"表现性评价"。"表现性评价一直是很好的教学法，是唯一有可能测量学生需要

被测量的方面的方法，通过观察'所做的'来评价'能做的'。"新课标在
"跨学科学习"学习任务群的"教学提示"中指出，"评价主要以学生在各类
探究活动中的表现，以及活动过程中完成的方案、海报、调研报告、视频资料
等学习成果为依据"。研制高质量的表现性评价量表，就能精准反馈学生在跨
学科学习中的结果。

例如，苏州的朱秀玲老师，结合近几年春节当地政府都在倡导和鼓励大
家就地过年的实际生活情况，为契合现实需求，结合三年级下册第三单元"中
华优秀传统文化"和六年级下册第一单元"民风民俗"人文主题，开发了以
"我在苏州过大年"为主题的跨学科学习。为此，她设计了表现性评价量表，
见表7-2-1。

表7-2-1　表现性评价量表

情境任务	实践活动内容	表现性评价观察点	观察记录选项	具体表现描述
任务一：留苏过年我做主	1.撰写倡议书	倡议书	□未撰写 □已撰写 □有号召力	
	2.设计过年活动安排表	活动安排表	□未制订 □不现实 □现实可行	
任务二：多彩年俗我展示	1.名家过年作品朗诵会	搜集名家写新年作品；朗诵展示	□未搜集展示 □已搜集展示 □搜集并配乐展示	
	2.当地年俗手抄报	手抄报	□未制作 □已制作 □图文并茂	
任务三：幸福年味我创造	1.苏州过年展本领	展示一项技能本领，如写春联、做美食、手工制作等	□未展示 □已展示多项技能 □展示多项技能并讲述经过	
	2.创造过年新花样	花样新年创造方案	□未呈现 □已呈现 □有详细创造方案	

　　说明：观察记录选项以得星的形式进行统计：第一选项不得星，第二选项得5星，第三选项得10星。

　　利用她设计的量化评价表，就可以通过记录观察到的点、观察记录选项和具体表现，将学生在跨学科学习活动的表现，进行全方位的评价。

　　总之，"跨学科学习"的任务设置，要基于语言文字运用中的真需求、真问题进行。"跨学科学习"学习任务群的教学价值在于加强语文学习与学生生活世界的联系，促进学生整合运用多学科知识解决问题，提高语言文字运用能力、综合思考能力和实践创新能力，彰显语文课程育人功能，面向未来落实立德树人、实现整体育人，培养适应未来社会发展的"完整的人"，培养高素质的人才。

第三节　实施案例

❖ 案例1：品中国美食，传中华文化 ❖
——《中国美食》跨学科学习教学设计

【学习内容】

1. 课内学习资源：二年级下册第三单元《中国美食》、《千人糕》、《传统节日》、"识字加油站"。

2. 课外学习资源：《东坡肉》等美食故事、《故乡的美食》《腊八粥》文章、《舌尖上的中国》《寻味顺德》等美食纪录片、美术课《节日的餐桌》、道德与法治课《传统节日中的"家"》。

【学习目标】

（一）知识目标

1. 通过图片、联系生活等方式识记16个生字，发现偏旁"火"和"灬"的联系，读准多音字"炸"，会写5个生字。

2. 能正确、流利地读好课文，读准轻声词。

（二）能力目标

1. 通过学习《中国美食》和走访调研梳理汉字，了解形声字的规律，综合运用多学科知识制作年夜饭，提升语言运用能力。

2. 能说出不同食物的烹饪方法，制作年夜饭菜单，对中国美食的制作感兴趣。

（三）素养目标

1. 开展年夜饭调查，为家人挑选喜爱的年夜饭，学会关心家人，增加家庭责任感。

2. 回顾年夜饭故事，了解年夜饭美食及寓意，丰富对年夜饭文化的认识，感受生活中的中华传统节日文化。

【任务情境】

中国烹饪，神秘无比；中华美食，代代相传。二年级的语文老师将语文学科与道德与法治、劳动、艺术有机整合，让孩子们运用多学科知识进行"品中国美食，制作年夜饭，传中华文化"综合性学习，从而踏上"中国美食"的探索之旅。

亲爱的同学们，我们跟随课文去游览了神州名山大川，知道中华传统节日和风俗，读了"贝"的故事，了解了汉字的起源和发展。今天，让我们走进博大精深的中国美食，开展"品中国美食，传中华文化，评选小神厨"的跨学科学习活动。学做年夜饭，了解一道道中国美食背后蕴藏着的中华传统文化。

为了让学生在语文实践活动中积极主动地参与学习，需做好如下学习准备：

1. 搜集相关中华美食图片、美食故事，了解一道道中国美食背后蕴藏着的中华传统文化。

2. 观看中华美食的相关视频及《舌尖上的中国》《寻味顺德》等美食纪录片。

【学习规划】

"品中国美食，传中华文化"的学习规划，见表7-3-1。

表7-3-1　　"品中国美食，传中华文化"学习规划

生活情境	主题	任务	材料组合	课时安排	对应目标与要素
举办美食节，评选小神厨	品中国美食，传中华文化	（一）认识中国美食	语文课文《中国美食》	1课时	识记生字词，了解形声字的规律。能说出不同食物的烹饪方法，对中国美食的制作感兴趣

生活情境	主题	任务	材料组合	课时安排	对应目标与要素
举办美食节，评选小神厨	品中国美食，传中华文化	（二）制作一道美食	美术课《节日的餐桌》	1课时	能说出不同食物的烹饪方法，学习制作一道美食
		（三）制作年夜饭菜单	道德与法治课《传统节日中的"家"》+语文课文《传统节日》	1课时	搜集相关中华美食图片、美食故事，制作年夜饭菜单
		（四）欢聚一堂品美食	美食纪录片《舌尖上的中国》+语文课"识字加油站"	1课时	品尝美食，了解一道道中国美食背后蕴藏着的中华传统文化
		（五）妙笔生花绘美食	《东坡肉》+《美食的故事》+《故乡的美食》+《腊八粥》	2课时	读美食故事，写美食故事，做家乡美食代言人

【学习过程】

（一）认识中国美食

本任务以"认识中国美食"这一任务情境为载体，整合了三项语文实践活动，明确学习任务，读通课文，了解形声字的规律和不同食物的烹饪方法，激发学生对中国美食的兴趣。

1. 欣赏八大菜系，初识中国美食

（1）在第三单元我们跟随课文游览中华名山大川，知道中华传统节日的风俗，读了《"贝"的故事》，了解了汉字的起源和发展，今天让我们走进博大精深的中国美食，品中国美食，传中华汉字；学做中国美食，准备参加班级美食分享会。

（2）出示：中国美食主要有八大菜系，欣赏每一个菜系的招牌菜，和老师一起读。接下来，让我们一起走进书本中的美食，出示课本插图"中国美食"。

（3）认识美食名称，随机识字。

①自由练习读。（翻开书本35页，借助拼音读一读）

②出示菜肴和主食，教师带读。（带图片，生字带拼音）

③分类指导字音，重点指导易读错的字音。

（4）再读课文中的11种美食名称，读准字音。

2. 发现美食特点，多种方法识记

（1）我给菜谱分分类：根据书上的菜谱，按照素菜、荤菜、主食把它们分成三类。

（2）读准食材名称，发现生字规律："菠""茄""蘑""菇"都有草字头，草字头的字与植物有关。

（3）了解烹饪方法，发现生字特点。

① 圈烹饪方法的生字，读一读：拌、煎、烧、烤、煮、爆、炖、蒸、炸、炒。

②联系生活，借助图片和视频，说说美食的烹饪方法。

③借助偏旁，生字分类。

④看火字演变，说"火"和"灬"的关联，带"火"和"灬"的字大多和火有关系。比如，煎、煮、蒸、烧、烤、爆、炖、炸、炒。

（4）读准主食名称，识记"蒸、粥、蛋"。出示图片：蒸饺、小米粥、蛋炒饭。

①看图识记：饺子好像金元宝。蒸饺是放在蒸笼上蒸熟的。

②生活识字：蛋。出示图，齐读：鸡蛋、鸭蛋、鹅蛋。

③字理识字：粥。

3. 趣味呈报菜名，巩固生字词

（1）播放相声《报菜名》：同学们，我们欣赏了中国美食，了解了炒、烧、煎、炸、煮、蒸、烤、凉拌等烹饪方法，让我们一起来欣赏一段报菜名。

（2）学报菜名，不同角度指导朗读。

（3）说说你收集的家乡美食名称，试着用上今天学习的烹饪方法哦。

（4）小结：中国美食真是令人回味无穷，同一种食材用不同的方法来烹饪，我们可以蒸鸡蛋、煮鸡蛋、煎鸡蛋；可以烤肉、炖肉，也可以炒肉。这真是中国美食多，烹饪方法妙呀。

4. 仔细观察，写好美食中的汉字

（1）指导最难写的生字：烧、烤、炒、鸭、鸡。

（2）展评优秀作业，修正自己写得不好的字。

（3）小结：今天我们认识了一些中华美食的名称，了解了美食的烹饪方法，用多种方法认识了舌尖上的汉字。周末，调查爷爷、奶奶、爸爸、妈妈喜欢年夜饭菜单中的哪些菜，以及年夜饭背后的寓意。

（二）制作一道美食

本任务以"制作一道美食"为任务情境，引导学生感知中国节日的饮食文化，尝试大胆运用绘画、剪贴、手工等制作一份年夜饭菜单。

1. 说说年夜饭菜单

（1）音乐播放的是《春节序曲》，春节是我国最盛大最热闹的传统节日，贴春联，放鞭炮，一家人欢欢喜喜围坐在餐桌前，品味着节日的菜肴美点，多幸福。今天，我们也要动手制作一份年夜饭菜单，评选高级厨师。导出新课《节日的餐桌》。

（2）说说你家的年夜饭菜单有哪些呢？

2. 聊聊美食的制作

（1）今天老师也准备了一桌丰盛的美食，去看看哪道美食最吸引你，学生讲述。

板书：形、色、味道、营养。

（2）老师为大家带来了一些美食，请每一个小组的同学认真看一看，动手摸一摸，这些美食有哪些不一样，这些美食是用什么材料制作而成的？请你把你的美食发现告诉我。

（3）播放视频、图片，你觉得哪道美食最有特色？

板书：绘画、剪贴、手工（废旧材料再利用）。

3. 学习制作一道美食

（1）教师示范制作一道美食，饺子的手工制作和中国画作品形式。

讲解制作步骤：思考—材料选择—制作。

美食计划：播放语音，讲解美食计划。

（2）我是小小美食家——我来露一手。

评价单

① 初级学徒：用绘画的方式设计并制作一道菜。

② 中级厨师：用剪贴的方式设计并制作一道色、形美观的菜式。

③ 高级厨师：用手工的方式设计并制作一道色、形美观，并吸引小朋友的健康菜式。

（3）展示制作的美食。

可以这样介绍：我制作的中国美食是____，我用的是_____方法制作的。

（4）评价：说说哪道菜肴最吸引你。

评选：高级大厨、中级大厨、初级学徒，并佩戴不同的厨师帽。

（5）孩子做美食的图片、视频发到班级微信群。

（6）总结、延伸：满满的一桌菜肴，老师仿佛闻到了菜的香味。我们在享受节日菜肴的时候（播放视频），我们应该做到：光盘行动，从我做起。这也会让我想到一首唐代李绅的古诗：《悯农》。

（三）制作年夜饭菜单

本任务以"制作年夜饭菜单，我是'中华传统文化'宣讲员"为任务情境，体会隐藏在传统节日背后的中华民族"家"文化，为家人挑选喜爱的年夜饭，和家长一起制作年夜饭菜单，学会关心家人，增加家庭责任感。

1. 传统节日知多少

（1）在第三单元我们学习了《传统节日》一课，你知道中华传统节日有哪些呢？

（2）学习传统节日中的"家"。

2. 年夜饭·邀请谁

（1）每当春节来临，每个中国人都要和自己的家人团聚在一起，吃上一顿热热闹闹的年夜饭。你知道最早从什么时候中国人就开始吃年夜饭了吗？

（2）在今年的年夜饭上，你想和谁一起度过呢？把你想要邀请的家庭成员都填在左侧的邀请函中。（放音乐：《春节序曲》）

3. 年夜饭·我准备

（1）年夜饭邀请函已经送出了，年夜饭吃什么呢？老师给每个小朋友准备了一个年夜饭餐桌，今天我们也来当一回小主厨，设计一桌年夜饭吧。

（2）出示活动要求：

① 小组合作为一家人准备一桌年夜饭，将年夜菜贴在饭桌上（如果你有其他有创意的菜可以写在空白的餐盘上），请组长拍照上传。

② 为这些菜你起个名字。

③ 想一想什么是你的主厨推荐菜，想好推荐理由。

（3）学生交流汇报，教师相机渗透藏在美食里的中华传统文化。

（4）小结：年夜饭不仅仅是食物，还藏着亲人之间的祝福和关爱。

4. 年夜饭·共团圆

（1）在除夕这一天，无数漂泊在外的中国人还在回家路上，我们一起来看看这位叔叔的回家路。（播放视频）此时此刻，看了视频，你有什么想说的？

（2）为什么春节回家路上这么难，这么苦，大家还要回去呢？

（3）对身在归途的人们来说，家是什么？家就是亲情，是思念，所以无论在哪儿，都要回家过年。

（4）小结：通过春节，一起感受到家的文化，家是我们心灵的港湾，是我们心灵的归宿，是我们永远的守候。在不同的传统节日，背后都有着丰厚的家文化。

（5）布置任务。

① 请同学们回家调研一下家中长辈，为家人设计一份营养丰富、寓意满满的年夜饭菜单。

② 周末亲子合作做一道美食，下周一我们开展一次"美食分享会"。

（四）欢聚一堂品美食

本任务以"开展班级美食推荐会，欢聚一堂品美食"为任务情境，既培养学生的动手能力，还加强了语言表达能力，激发学生对中华美食文化的兴趣，懂得分享。

1. 我是小小美食家

（1）上节课，我们学习了制作年夜饭菜单，并布置和家长合作做一道美食，现在我们来开展一次"美食分享会，争做小小美食家"活动。

（2）四个小组分享，推荐代表介绍自己制作的美食。

（3）点评：从美食的色、香、味三个方面进行评价，了解一道道中国美食背后蕴藏着的中华传统文化。（出示"识字加油站"关于美食味道的词语）

2. 欢聚一堂品美食

（1）把带来的美食摆在小组桌面。

（2）可以走动寻找自己喜欢的美食，不要忘了给制作美食的同学点赞哦，点赞数前10名，将荣获"美食代言人"的荣誉证书哦。

（3）统计点赞数量，评选"十大小小美食家"的称号。

（五）妙笔生花绘美食

本任务以"绘美食，评美食达人"为任务情境开展实践活动，让学生了解美食文化，喜欢中华美食。

1. 我读美食故事

（1）阅读《东坡肉》《故乡的美食》《腊八粥》。

（2）说说你的发现或收获。

2. 我是美食代言人

（1）来自英国的Robert小朋友对中华美食非常感兴趣。这学期，Robert作为交换生来到了我们学校，请你成为"中华美食代言人"，向他介绍一下中华美食吧！

（2）小组推荐，每个小组推荐一位代表上台推荐。

（3）全班交流点评，评选出"十大美食代言人"。

3. 妙笔生花绘美食

（1）把自己推荐的美食，用一段话写出来或者用彩笔画下来。

（2）学生写完后交流汇报。

（3）评价，总结，评选出"十大美食达人"。

（本案例由东莞市大朗镇中心小学李凤菊设计）

❖ 案例2：探寻中华传统文化，争当代言人 ❖

——三年级下册第三单元整体教学设计

【学习内容】

1. 课内学习资源：《古诗三首》、《纸的发明》、《赵州桥》、《一幅名扬中外的画》、"综合性学习"、"语文园地"。

2. 课外学习资源：中华四大发明、中华传统节日、桥梁、建筑等资料。

【学习目标】

（一）知识目标

1. 认识34个生字，读准7个多音字，会写35个字，会写30个词语。

2. 能背诵、默写指定的古诗，抄写指定的课文段落。

（二）能力目标

1. 能根据要求提取段落中的重要信息，并对有关的现象或成因做出解释。

2. 了解课文相关段落是怎样围绕一个意思写清楚的。

3. 能用不同方式收集介绍我国传统节日的资料，并记录这些节日的相关风俗。

4. 能就自己感兴趣的一个传统节日写一篇习作，写清楚过节的过程。

5. 以适当的方式展示综合性学习的成果，能对其他小组的展示活动做出评价，提出改进建议。

（三）素养目标

搜集整理资料，用丰富的形式展示学习成果，用自己擅长的方式介绍中华优秀传统文化，培养民族文化自信。

【任务情境】

同学们，大朗镇将于11月7—9日隆重举办第20届"织交会"，届时有来自世界各地的客商、嘉宾。借此机会，我们将开展"探寻中华传统文化，争当代言人"的主题活动，向来自世界各地的外国友人介绍我国灿烂的中华文化。此次活动设有五个学习站，完成学习任务就可以点亮"中国心"，获取相应的荣誉徽章，集齐五个就可以成为中华传统文化代言人。

为了让学生在语文实践活动中积极主动地参与学习，需做好如下学习准备：

1. 朗读单元课文，自学生字新词。

2. 搜集中华四大发明、中华传统节日、桥梁、建筑等资料，并整理资料。

【学习规划】

"探寻中华传统文化，争当代言人"的学习规划，见表7-3-2。

表7-3-2　"探寻中华传统文化，争当代言人"学习规划

生活情境	主题	任务	材料组合	课时安排	对应目标与要素
走进"织交会"，争当代言人	探寻中华传统文化，争当代言人	（一）穿越历史文化馆，我为中华传统节日代言	《古诗三首》+"综合性学习"	2课时	1.了解本单元学习任务，读通课文，了解课文主要内容。2.准备开展综合性学习活动
		（二）穿越古代科技馆，我为中华科技智慧代言	《纸的发明》+"资料袋"+"语句段运用1"	1课时	学习"围绕一个意思把一段话写清楚"的方法，尝试用这种方法介绍一种手工制作
		（三）穿越古代建筑馆，我为中华建筑智慧代言	《赵州桥》	1课时	学习"围绕一个意思把一段话写清楚"的方法
		（四）穿越古代美术馆，我为中华艺术智慧代言	《一幅名扬中外的画》+"交流平台"+"语句段运用2"+"日积月累"	2课时	进一步学习"围绕一个意思把一段话写清楚"的方法
		（五）中华传统文化展示会，争当传统文化代言人	"习作"+"成果展示"	2课时	1.介绍传统文化。2.搜集整理资料，用丰富的形式展示学习成果，用自己擅长的方式介绍中华优秀传统文化

【学习过程】

（一）穿越历史文化馆，我为中华传统节日代言

本任务以"穿越历史文化馆，我为中华传统节日代言"这一任务情境为载体，整合了综合性学习活动，明确本单元学习任务，读通课文，了解课文主要内容。

1. 任务驱动，开启综合性学习活动

（1）发放自主预习单，自主预习，完成两项任务。

①边读课文边画出生字词，用学过的方法，自主识记本单元的生字新词。

---

② 读通课文，了解课文主要内容。

（2）小组合作，制订方案，准备开展综合性学习活动。

2. 我与古人一起过节

（1）朗读古诗，寻找信息，见表7-3-3。

表7-3-3　寻找古诗信息

诗题	节日	时间	习俗
《元日》			
《清明》			
《九月九日忆山东兄弟》			

（2）结合节日，理解诗意。

（3）背诵古诗，拓展有关节日的古诗。

（二）穿越古代科技馆，我为中华科技智慧代言

本任务以"穿越古代科技馆，我为中华科技智慧代言"这一任务情境为载体，整合了三项语文实践活动、"语句段运用1"，让学生整体感知课文，了解书写材料的演变过程及各种书写材料的优缺点。

1. 访问

古代发明的匠心巧思。

（1）访问蔡伦，介绍纸的制作过程。

（2）仿照"语句段运用1"，介绍一种古代手工。

2. 查找

发明家族的旧貌新颜。

（1）通过查找有关纸的发展过程，让大家了解纸家族的过去、现在和未来。

（2）让大家了解中国另外三大发明，了解古代发明的进化历程。

（3）在我国四大发明中选择自己最喜欢的一项向大家介绍，争当"中华科技智慧代言人"，点亮中国心。

3. 练笔

介绍一种自己喜欢的手工制作过程。

（三）穿越古代建筑馆，我为中华建筑智慧代言

本任务以"穿越古代建筑馆，我为中华建筑智慧代言"这一任务情境为载体，学习"围绕一个意思把一段话写清楚"的方法。

1. 品雄伟，习方法

（1）自由读第2—3段，边读边用横线画出介绍赵州桥特点的中心句，再圈出句中的关键词。

（2）默读第2段，思考从哪些地方可以看出赵州桥非常雄伟？用波浪线画出关键语句。

（3）写法总结，学法总结。

2. 赏美观，练方法

用这样的方法，继续学习第3段，画出关键词句，完成思维导图。

3. 选代言，用方法

（1）结合课文关键词语，同桌练习介绍赵州桥。

（2）全班交流，评选"中华建筑智慧代言人"，点亮中国心。

（四）穿越古代美术馆，我为中华艺术智慧代言

本任务以"穿越古代美术馆，我为中华艺术智慧代言"这一任务情境为载体，通过2个活动，整合"交流平台""语句段运用2"，进一步巩固提升"围绕一个意思把一段话写清楚"的方法，为单元习作做好铺垫。

1. 赏读名画，品味细节

重点关注：每一个自然段是怎样围绕一个意思写清楚的？

2. 领悟表达，尝试应用

（1）自读课文批注，交流发现表达方法。

（2）小结：抓住不同的方面来写，抓住不同的特点来写，写热闹可以写人多，人的不同行为姿态；写有趣可以写一件事情的过程，把动词写准确生动，用上总起句更清楚，用上"有……有……有……""有的……有的……有的……有的……"句式，使一段话更清楚明白等。

3. 介绍名画，争做代言人

介绍自己收集的名画资料，争做"名画代言人"，点亮中国心。

4. 迁移介绍中国文化

结合"交流平台""语句段运用2""日积月累"，从课本呈现的节日文化、纸文化、桥文化、画文化走向"文房四宝、雅人四好、花中四君子、中医四诊"的介绍，引导学生学习更为丰富的中华优秀传统文化。

（五）中华传统文化展示会，争当中华传统文化代言人

1. 完成习作

（1）出示图片，感受过节氛围。

聊一聊，你是怎么过这些节日的？你印象最深刻的是什么节日？

（2）确定节日，搭建框架。

确定节日，列好思维导图，口头练说，围绕一个意思说清楚。

（3）学生自由习作。

（4）习作讲评，修改。

2. 综合性学习展示会

开展中华传统文化展示会，点亮全部中国心，争当中华传统文化代言人。

（1）分小组上台展示。

（2）点亮全部中国心的同学将成为"中华传统文化代言人"。

（3）总结收获：同学们，中华传统节日不仅是中华民族民风民俗的体现，还是中华民族的文化符号与象征，相信大家在假日里与家人共度这些传统节日的时候，中华优秀传统文化的种子也一定会在大家心中生根发芽！

（本案例由东莞市大朗镇中心小学黄开葵设计）

❖ 案例3：在跨学科学习中探寻艺术的魅力 ❖

——六年级上册第七单元整体教学设计

【学习内容】

1. 课内学习资源：《文言文二则》《月光曲》《京剧趣谈》。

2. 课外学习资源：《黎明交响曲》、书法艺术、"书圣"王羲之的《墨池》《换鹅帖》《入木三分》的故事、《京剧下午茶》。

【学习目标】

（一）知识目标

1.识记本单元必写必会生字、词语等基础知识要点。

2.正确、流利地朗读课文，背诵《伯牙鼓琴》。

3.掌握学习文言文的方法，能用自己的话复述文言文的故事。

（二）能力目标

1.学会把重点部分写具体的基本方法。

2.了解《月光曲》中哪些是实在的事物，哪些是由事物联想到的，体会两者结合着用。

3.借助语言文字展开想象，体会艺术之美，明白艺术来源于生活。

4.拓展其他的艺术形式进行比较，感受其艺术之美，并能够讲给他人听。

5.利用自己学到的知识，将艺术与生活结合起来，试着用艺术表达生活。

（三）素养目标

1.初步懂得欣赏艺术之美的方法，提高自己鉴赏音乐、绘画、雕塑等多种不同艺术形式作品的素养。

2.能够从曲调、旋律的变化分析艺术家表达不同情感的素养。

3.懂得欣赏艺术作品的外在和内涵，理解艺术作品的独特性：艺术家的作品都是其内心的真实写照，一部伟大音乐作品的诞生源于作家的情感宣泄。

4.了解中国传统的艺术形式的多样化，感受中华民族文化艺术的精彩，热爱传统艺术，传承中华优秀传统文化。

【任务情境】

亲爱的同学们，一年一度的校园艺术节很快就要到了，我们班将面向全校同学和家长，开展一次线上"艺术之窗"展示活动，为同学们第七单元跨学科学习成果提供展示的机会和平台，选取五位金牌讲解员为学校艺术节五大艺术馆做讲解，让更多的人了解艺术，爱上艺术。聪明的你，赶快报名参加吧。

为了成为一名金牌讲解员，请同学们做好如下学习准备。

1.阅读或查找音乐、绘画、书法、戏剧等相关资料。

2.了解伯牙和钟子期的相关传说，欣赏音乐《高山流水》《黎明交响曲》，阅读《京剧》《看戏》等文章或书籍。

3.有条件的同学还可以到周边的书法馆、绘画馆等艺术馆参观。

【学习规划】

"在跨学科学习中探寻艺术的魅力"的学习规划，见表7-3-4。

表7-3-4 "在跨学科学习中探寻艺术的魅力"学习规划

生活情境	主题	任务	材料组合	课时安排	对应目标与要素
举办艺术节，争做金牌讲解员	在跨学科学习中探寻艺术的魅力	（一）走进音乐馆，觅知音赏音乐	《伯牙鼓琴》+《月光曲》+"日积月累"	3课时	借助语文文字展开想象，体会艺术之美
		（二）走进书画馆，观画赏书辩高下	《书戴嵩画牛》+"交流平台"+"口语交际：聊聊书法"	2课时	拓展其他的艺术形式进行比较，感受其艺术之美，并能够讲给他人听
		（三）走进京剧馆，探京剧里的奥秘	《京剧趣谈》+"词句段运用"	2课时	借助语文文字展开想象，体会艺术之美
		（四）走进艺术馆，晒晒我的拿手好戏	"习作：我的拿手好戏"	2课时	写自己的拿手好戏，把重点部分写具体

【学习过程】

（一）走进音乐馆，觅知音赏音乐

本任务以"走进音乐馆，觅知音赏音乐"这一任务情境为载体，明确本单元学习任务，读通课文，了解课文主要内容，梳理基础知识，赏音乐里的图画，在高山流水中觅知音。

高山流水觅知音

1.初读感知，了解知音故事

（1）初读课文《伯牙鼓琴》，读准字音。

（2）二读课文，读出韵味。

（3）三读课文，借助注释了解大意。

2. 走进情境，感悟知音情感

出示资料1：

为什么这两人能成为知音呢？

伯牙：晋国大夫，学艺三年，宫廷乐师，被尊称为"琴仙"。

钟子期：楚国人，山野樵夫。

（1）品读关键句，概括琴声表达的主要内容。

（2）当伯牙鼓琴志在高山、流水时，子期从他的琴声里仿佛看到了什么？子期又会怎样赞叹？

（3）体会知音之情。

① 伯牙、子期虽然地位相差很大，但是有相同的爱好，两人心心相印，这种知音情前无古人后无来者。伯牙同样只弹高山、只弹流水，却只有子期明白伯牙在以琴言志。高山代表着伯牙高山般远大的志向，流水代表着他江河般博大的胸怀！

出示资料2：

一日，楚王君臣饮宴，请伯牙弹琴助兴。伯牙一曲《水仙操》把红日、云霞、山林、海浪以及风、雨、雷、电等变幻多端的海上风光表现得淋漓尽致。楚王听了，连连摇头："嘈杂，嘈杂！乱，乱，乱！换！换！换！"

出示资料3：

古书《列子·汤问》中伯牙的原文——"善哉，善哉，子之听夫，志想象犹吾心也。"

琴也懂，心也懂，志也懂，这才是知音！心志通过无形的艺术表现出来，知音也是通过无形的艺术结识的，这就是艺术之美。

② 创设情境：第二年中秋，当伯牙赶来与子期相会，见到的却是冰冷的墓碑。伤心欲绝的他做出了人生最重要的决定：破琴绝弦，终生不复鼓。子期墓前，伯牙曾写下一首短歌，来追悼自己的知音。

（4）师生共读，小结：伯牙与子期以琴相识，以琴相知，最后因子期早亡，伯牙破琴绝弦，遂成绝响。后人不仅用"高山流水"形容乐曲高妙，还把它当作知音的代名词。

出示资料4：

忆昔去年春，江边曾会君。今日重来访，不见知音人。但见一杯土，惨然伤我心！伤心伤心复伤心，不忍泪珠纷。来欢去何苦，江畔起愁云。子期子期分，你我千金义。历尽天涯无足语，此曲终分不复弹，三尺瑶琴为君死！

3. 读背全文，延伸知音情怀

（1）伯牙和子期，这对知音的故事感动和温暖着一代又一代渴望心有灵犀、心心相印的中国人。"伯牙鼓琴"成了中华文化在知音方面的代名词，流传千古。

（2）出示课文后面的有关知音的诗句。

（3）学生在高山流水的音乐声中背诵。

（4）伯牙和子期这份稀世罕见的知音情，留给我们的还有痛惜、遗憾、不解，下节课，我们继续走进音乐馆，去聆听贝多芬和他的知音故事。

读传说·遇知音·赏音乐

1. 导入：走进故居，了解贝多芬

上节课，我们穿越时空，走进春秋战国时期的古音乐馆，跟随子期领略了伯牙琴声中的恢宏气势，见证了伯牙和子期这份稀世罕见的知音情，留给我们的还有痛惜、遗憾、不解。这节课，我们继续走进贝多芬在波恩的故居，去聆听贝多芬和他的知音故事。

出示：播放《月光曲》片段，贝多芬简介。

2. 梳理传说，简述来历

（1）读传说，捕捉场景。请你读一读《月光曲》这个传说故事，试着梳理《月光曲》创作的过程，如图7-3-1所示。

图7-3-1 《月光曲》创作的过程

（2）学生自读传说故事，梳理剩下几部分的内容。

3. 聚焦对话，遇见知音

（1）艺术家的创作离不开情感的累积，再读课文，用心感受：是什么打动了贝多芬，让他弹完一曲又弹一曲？自读课文2—8自然段，边读边找出盲姑娘三次说的话。

（2）品读三次对话，试着发现盲姑娘的品质与特点，揣摩贝多芬的心理活动。

（3）回归核心问题，和学生一同得出结论：三次对话饱含情感，内涵丰富，盲姑娘的善良、对音乐的热爱以及与贝多芬产生的心灵共鸣打动了贝多芬，他愿意为热爱音乐的人弹奏，更愿意为真正懂音乐人的创作，这便是他弹完一曲又一曲的原因，如图7-3-2所示。

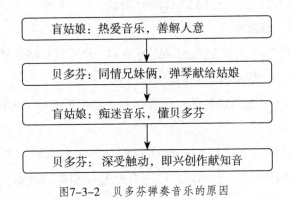

图7-3-2　贝多芬弹奏音乐的原因

4. 欣赏音乐，想象画面

（1）《月光曲》是一支怎样的传神之曲呢？自读课文第9自然段，边读边思考：贝多芬在弹奏这首曲子时，和同桌交流兄妹俩"看到"的景象。

自读要求：

① 哪些句子是写穷兄妹俩听琴声的事实，哪些句子是写穷兄妹俩因听琴声产生的联想？

② 课文虚写部分描写了《月光曲》的哪几个画面？请学生试着用小标题的形式概括这几个画面。

③ 依据文本推测一下，每一段乐章的曲调是怎样的？

（2）出示课文第9自然段，根据探究任务，提炼关键词句，展开想象。

（3）每一幅画面都有独特的美，合成了一幅动人的画卷，小组讨论交流，填写图7-3-3。

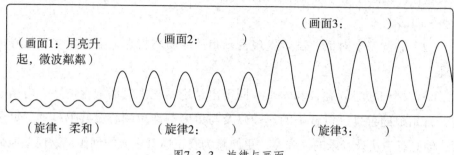

图7-3-3　旋律与画面

（4）配音朗读，把感受到的画面读出来。

5. 积累运用，想象写话

（1）用来形容音乐艺术魅力的词语有很多。出示"日积月累"。

（2）学生朗读，理解词语意思。

（3）引导学生有感情地朗读，思考作者是把雨声进行了怎样的联想。这样的写法有什么作用。

（4）尝试运用，巩固新知：现在我们一起来聆听贝多芬演奏的著名乐曲——《黎明交响曲》，边听音乐边展开联想和想象，然后把想到的情景写下来。

（二）走进书画馆，观画赏书辩高下

本任务以"走进书画馆，观画赏书辩高下"这一任务情境为载体，了解中国绘画、书法艺术之美，体会无形的艺术之美对于现实生活的表现。

在古言古语中体会艺术之美

1. 走近作者，认识题跋

（1）今天，我们走进书画馆，去欣赏一幅名画，聆听一个有趣的故事。

（2）出示《斗牛图》，引出课题。板书课题，齐读课题。

（3）走近苏轼，认识苏轼。出示苏轼简介。

（4）认识题跋。

2. 三读故事，读懂文义

（1）一读故事：借助拼音，读准字音，读通句子。

（2）二读故事：读准节奏，读出韵味。

（3）三读故事：借助注释，读懂文义。

（4）整体感知，梳理文脉。

3. 开展想象，趣说故事

（1）提出核心问题：面对同一幅《斗牛图》，杜处士是"尤所爱"，小牧童却是"拊掌大笑"。为什么两人有不同的表现？请用横线画出杜处士的句子，用波浪线画出牧童的句子，再用一两个词语概括他们的表现。

（2）汇报交流：抓住"拊掌大笑"，从牧童的生活经历出发，理解"拊掌大笑"的意思，从而理解小牧童"拊掌大笑"的原因就水到渠成了。

（3）想象补白演牧童。

（4）运用方法演杜处士的"笑而然之"。

（5）想象补白讲故事：选取不同的角色，讲述自己的见闻或经历。

我姓杜，人称杜处士。我读了不少书，可就是不愿意做官……

今天天气真好！放牛去喽！还没出村子，我看见……

我是苏轼，听说四川有个杜处士，尤爱书画……

讲故事要求：

① 注意讲故事的语气和声调，先自己练讲。

② 故事内容符合原文意思，不要遗漏情节。

③ 在表述人物的神态、语言、动作等细节时，可以合理大胆地想象。

4. 古人古语，明辨事理

（1）牧童是怎样评价这幅画的？他的理由是什么？由此可见牧童的什么精神？从杜处士的"笑而然之"也可看出其什么品质？

（2）对于这幅画，苏轼又是怎样的态度呢？

（3）学生回答，教师适时呈现。

古语有云："耕当问奴，织当问婢。"不可改也。

① 理解字面意思：耕种的事儿问农民，织布的事儿问织工，这是不可改变的事实。

② 拓展补充理解。

放牛当问牧童，画画当问（戴嵩），作词当问（　　　），书法当问（　　　）。你还想到哪些生活中不可以改变的？

（4）链接生活，明辨事理。

（5）小结：《书戴嵩画牛》短短的93个字，讲述了一个生动有趣的故事，同时又告诉我们要把事做好，必须认真观察，向有经验的内行人请教，不要迷信权威。

聊书法里的学问

书法是我们的国粹，散发着艺术的魅力，受到人们的喜爱和珍视。我们聊书法里的学问，需要课前搜集、整理书法资料。

（1）你知道我国哪些著名的书法家？你知道他们的哪些故事？

（2）你参观过书法作品展览吗？你欣赏哪些人的作品？

1. 挑战闯关，走进书法的世界

（1）分别写出下面书法作品的书体。

① 颜真卿《多宝塔碑》（　　　　）。

② 王羲之《兰亭集序》（　　　　）。

③ 赵孟頫《九成宫》（　　　　）。

④ 柳公权《玄秘塔碑》（　　　　）。

（2）观察下面两幅书法作品，完成填空。

① 第一幅作品《玄秘塔碑》是我国古代书法名家_____的书法作品，他的书法以_____著称。

② 第二幅作品是我国古代书法名家王羲之写的《_____》，这幅作品被后人称为"_____"。

（3）关于书法家和书法作品，你还了解哪些？

2. 畅讲故事，追述书法的奥秘

（1）四人小组分享自己最喜欢的书法家的故事。

（2）拓展阅读："书圣"王羲之的《墨池》《换鹅帖》《入木三分》的故事，感悟王羲之刻苦练习，潜心研究，执着追求的精神。

3. 链接生活，传承书法的价值

（1）最近，学校开设了书法兴趣班，对书法有兴趣的同学每天放学后都可以去那里学习书法，还有专门的老师指导。李红想邀请自己的好朋友王涛一块儿去。可王涛却有不同观点："干吗要去练书法？学习这么紧张，还不如多做几道数学题。再说，现在科技这么发达，只要学好用键盘就行了，字写得好不好不重要。"如果你是李红，会如何劝说王涛去学习书法？

（2）劝说同伴，探讨传承的价值。

（3）分享学习的书法：你有怎样的感悟或心得，或得到了哪些收获？写下来，和同学们分享。

（4）用心创作一幅书法作品，收集自己喜欢的书法作品，在班级举行一次书法鉴赏会。

（三）走进京剧馆，探京剧里的奥秘

1. 知京剧常识，理文章脉络

（1）创设情境，激趣导入。

这个单元的艺术之旅中，高山流水的琴声余音绕梁，三日不绝，让我们领略了琴曲的高妙；惟妙惟肖、栩栩如生的《斗牛图》告诉我们艺术创作离不开细心观察；天籁之音《月光曲》犹如行云流水，让我们产生无限向往。今天，我们跟随著名戏曲研究员、作家徐城北一起走进京剧馆，去看京剧，探索京剧里的奥秘，领略国粹艺术的魅力。

齐读课题。

（2）放视频，学生欣赏京剧脸谱图片，交流对京剧的了解（课前搜集的资料）。

（3）初读课文，自主学习，思考：课文介绍了关于京剧的哪两个方面的内容。

（4）认读文中的生词新词。

（5）学生借助思维导图梳理课文主要内容。

（6）提出核心问题：京剧是如何借助有形的道具表现其艺术特色的？

（虚拟的道具——马鞭、表演方式——亮相）

2. 品道具之趣，悟"虚实相生"

（1）读课文，在特别有趣的地方做批注。

（2）交流分享，教师根据学生交流情况，相机出示语段，感悟虚实结合的妙处。

（3）小结：通过《马鞭》，我们知道了京剧表演中善于运用虚拟的道具让人想象到真实画面，也就是"虚实相生"。

3. 品表演之趣，悟"动静结合"

（1）自主梳理，提取信息，填写表格，见表7-3-5。

表7-3-5 《亮相》的相关内容

	场景	种类	与现实的冲突	好处
《亮相》	打得不可开交时	静态的亮相	哪个先"醒"了，对方不就完了吗？	显示武艺的高强，显示必胜的信心
	双方正在交战，另一方失败	动态的亮相	这哪里还是戏剧？这，不是太像杂技了吗？	突出人物的英雄气概

（2）小结：一个亮相，一动一静，透过演员细腻传神的表演，我们看到了一个个爱憎分明的人物，一个个屹立在心里的英雄形象。这就是京剧表演艺术动静结合的魅力。

4. 促拓展交流，享传统文化

（1）"亮相"是一种戏曲上的表演动作，日常生活中和戏曲有关的词语还有很多，读一读词句段里与戏曲有关的词语。

（2）京剧历经战火与繁华，最终依然成为"国粹"，靠的是一代代艺术家的付出、传承和创新。课后，继续欣赏京剧之美，看一部完整的京剧，学一段京剧唱腔，扮一个京剧人物，读一读《京剧下午茶》简介。

（3）这是我们中华民族的文化，我们可以自信地对全世界说："只有民族的，才是永恒的；只有民族的，才是世界的。"（鲁迅）

（四）走进艺术馆，晒晒我的拿手好戏

1. 创设情境，找到好戏

（1）最近这段时间，我们走进音乐馆、书画馆、京剧馆，欣赏了音乐、绘画、书法、京剧，领略了艺术家的十八般武艺。今天，我们一起走进艺术馆，晒晒自己的拿手好戏，为我们班级线上"艺术之窗"展示活动做准备。舞台已搭好，就等你来秀，欢迎大家踊跃参与。

（2）回顾旧知，解读拿手好戏。

（3）借助图片，如图7-3-4所示，寻找拿手好戏。

图7-3-4 拿手好戏

① 看照片说说同学的拿手好戏是什么？（活动图片展示）

② 再议好戏，写词卡。（学生将自己的拿手好戏贴到黑板上）

2. 解读提纲，规划好戏

（1）怎样充分展示自己的拿手好戏呢？看习作要求，明确写作要求：

① 你的拿手好戏是怎样练成的？关于拿手好戏，有哪些有趣的故事？（写作内容：练习过程+故事）

② 怎样写你的拿手好戏？哪些内容先写？哪些内容后写？（写作顺序：先写+后写）

③ 哪些内容作为重点部分？哪些内容可以写得简略一些？（写作安排：详写+略写）

（2）解读提纲，发现要领。

① 出示《三招挑西瓜》的写作提纲。

② 梳理提纲内容并交流。

③ 试写提纲，规划好戏。

3. 赏析片段，练写好戏

（1）如何把"拿手好戏"的练就过程和其中趣事写好呢？出示三个文段，交流发现写作特点。

文段一：熟练的动作展现"拿手好戏"。

文段二：自信的话语+观众的反应展现"拿手好戏"。

文段三：正面描写+侧面描写展现"拿手好戏"。

（2）聚焦重点，写出精彩。

习作任务：我要运用正面描写和侧面烘托的描写方法，把最能展现自己拿手好戏的精彩镜头秀出来。

4. 借助要点，评改好戏

（1）借助要点，修改片段，亮出精彩，见表7-3-6。

表7-3-6 评价方式

评价要点		自己评	大家评
主角正面描写	熟练的动作	☆☆☆☆☆	☆☆☆☆☆
	自信的话语	☆☆☆☆☆	☆☆☆☆☆
	镇定的心理	☆☆☆☆☆	☆☆☆☆☆
旁人侧面烘托	观众的反应	☆☆☆☆☆	☆☆☆☆☆

（2）比较两位同学写的片段，发现共同点和不同点。

（3）小结：展示拿手好戏的精彩除了把主角亮出来，还需要旁人的反应来烘托，这样才能让人对你的拿手好戏印象深刻。

5. 组段成篇，汇编好戏

（1）学生完成习作《我的拿手好戏》。

（2）小结：这节课我们写了自己的拿手好戏，从找不到好戏到写出好戏的精彩，我们一起探讨一起学习，一个个精彩的情节让我们仿佛看到了一个个精彩的画面，这一篇篇文章也会给你们带来登台亮相的机会，老师期待你们在班级线上"文艺之窗"上演一场场好戏。

（本案例由东莞市大朗镇中心小学李凤菊设计）

—参 考 文 献—

［1］中华人民共和国教育部.义务教育语文课程标准（2022年版）［M］.北京：北京师范大学出版社，2022.

［2］吴欣歆，管贤强，陈晓波.新版课程标准解析与教学指导（2022年版）小学语文［M］.北京：北京师范大学出版社，2022.

［3］郑国民，李宇明.《义务教育语文课程标准（2022年版）》解读［M］.北京：高等教育出版社，2022.

［4］王崧舟.《义务教育语文课程标准（2022年版）》案例式解读（小学）［M］.上海：华东师范大学出版社，2022.

［5］何捷.语文"新课标"一线解读［M］.上海：上海教育出版社，2022.

［6］陆志平.语文学习任务群的五个关键词［J］.语文建设，2022（11）：13-15.

［7］叶丽华."阅读支架"在五年级古典名著阅读中的运用策略［J］.语文教学通讯，2021（3）：59-61.

［8］申宣成."语言文字积累与梳理"学习任务群的价值、内容与实施［J］.语文建设，2022（21）：4-9.

［9］黄友芹."跨学科学习"任务群教学实施的三个关键——以初中语文跨学科学习观摩课"大美中国色"为例［J］.教育家，2023（19）：36-38.

［10］徐鹏.语文学习任务群的实施路径［J］.语文建设，2018（25）：13-15，33.

［11］崔允漷.如何开展指向学科核心素养的大单元设计［J］.北京教育（普教版），2019（2）：11-15.

［12］薛法根.语文学习任务群的内涵解读与实践建构［J］.人民教育，2022（Z2）：23-25.

［13］史春妍."语言文字积累与梳理"学习任务群内涵解读及教学实操［J］.小学教学设计，2022（31）：9-12.

［14］何必钻.基于统编教材落实新课程标准理念的思考——以"实用性阅读与交流"学习任务群为例［J］.教学月刊·小学版（语文），2023（5）：4-8.

［15］管贤强，魏星.实用旨归、做事路径、语用意蕴："实用性阅读与交流"任务群的内涵解读［J］.语文建设，2022（20）：4-9.

［16］荣维东.关于"思辨性阅读与表达"任务群的思辨性解读［J］.语文建设，2023（1）：4.

［17］薛法根.理性思维：做负责任的表达者——"思辨性阅读与表达"任务群的内涵解读［J］.语文建设，2022（8）：4-9.

［18］吴刚平.跨学科主题学习的意义与设计思路［J］.课程·教材·教法，2022（9）：53-55.

［19］朱秀玲.小学语文跨学科学习实践路径［J］.小学教学设计，2023（7）：20-23.

后 记

　　当今世界科技进步日新月异，网络新媒体迅速普及，人们的生活、学习、工作方式不断在改变，儿童青少年成长环境也相应发生了深刻变化，人才培养面临着新挑战。语文学科作为一门基础课程，在任何学生时代，都是一门重要的学科。怎样充分发挥语文课程的育人功能？2022年4月，新课标的颁发，为全体语文教师指明了方向，同时也开启了学习新课标、践行新课标的热潮，语文课改犹如一股春风吹遍中华大地。作为长期扎根一线的语文教师，笔者也积极带领工作室成员，踏上了"新课标任务群下的单元整体设计"的实践研究。

　　和美工作室团队利用空闲时间，通过线下+线上的方式，抓紧时间或研讨解读新课标学习任务群，或研讨单元整体教学的设计与实施的问题，各抒己见，畅所欲言，多种思维碰撞，闪射着智慧的火花；多种意见磨砺，锻造着创造的锋芒。经过夏日的研讨、金秋的思索、冬季和春日的实践，逐步成熟起来，聚积着热能，辛勤笔耕，在"人间四月芳菲尽"时，向语文教育园地奉献了一朵小花——《基于学习任务群的小学语文单元整体教学》。它充分体现了我们和美语文团队对语文教育研究的深入、开拓与发展，将理论与实践相结合，在一线教学实践中不断检验、优化。即使这朵"小花如米小"，但它"也学牡丹开"。

　　和美工作室团队在实践研究的过程中，不断反思、总结、优化，逐渐明晰了各学习任务群的价值与定位，内容与目标，进一步明确了"培养什么人、怎样培养人、为谁培养人"，逐步形成了"课程育人·儿童立场·系统思维·积极语用"的教学思想，构建了新课标学习任务群下的单元整体设计的基本教学体系。

　　一路走来，我们享受着研究带来的快乐，也收获着成长的喜悦。本书是和美语文工作室集体智慧的结晶。全书大部分内容由工作室主持人李凤菊撰写、统稿，部分案例撰写人员如下：

　　识字办法多，乐趣多（张蔼仪）

我是中国娃，会识中国字（曾刚）

遨游汉字王国，传承中华文化（郑伟娟）

我和丁丁游览大美中国（胡亮萍）

观察大自然，用日记记录收获（卢少红）

故事里的智慧（盛蔓）

探寻中华传统文化，争当代言人（黄开葵）

感谢著名特级教师吉春亚、著名特级教师余映潮、广东第二师范学院教授桑志军、东莞市教育局继续教育中心主任严考全、东莞市教育局教研员黄小颂、东莞市大朗镇教育管理中心教研员黄更祥，多次悉心指导我们的单元整体教学。感谢东莞市大朗镇中心小学梁小平校长的先见之明，于2020年开启了单元整体教学的改革，为和美工作室进一步深入研究打下了坚实的基础。感谢工作室各位同仁积极参与教学设计与实施。

希望本书的出版能为小学语文课程改革的理论研究与实践探索提供一点点研究价值，能为一线语文教师提供一点点参考。

由于本人和参与编写本书的同仁在学识和时间上的局限，本书仍有浅陋舛误之处，敬请各位行家和广大读者匡谬赐正。

李凤菊

2023年8月28日于名师工作室